# 采购管理
## 从入门到精通

涂高发 主编

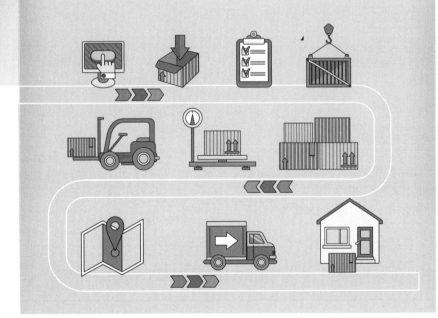

·北京·

《采购管理从入门到精通》一书在科学的采购与供应链管理思想的基础上，采用图解的形式，去理论化，通过范本、案例对采购管理的知识框架和现实应用做出完整呈现。本书分为采购管理概述、采购计划与预算管理、供应商的开发与管理、采购谈判、采购订单处理与跟进、采购质量管理、采购成本控制、网上采购8个章节，对采购管理进行了系统的归纳和分析，不论是初学者还是从事多年的采购管理者，都可以用来学习参考和对照。

## 图书在版编目（CIP）数据

采购管理从入门到精通/涂高发主编．—北京：化学工业出版社，2019.10

ISBN 978-7-122-34823-4

Ⅰ．①采⋯　Ⅱ．①涂⋯　Ⅲ．①采购管理　Ⅳ．①F253

中国版本图书馆CIP数据核字（2019）第136661号

---

责任编辑：刘　丹　　　　　　　　　　　　装帧设计：王晓宇
责任校对：张雨彤

---

出版发行：化学工业出版社（北京市东城区青年湖南街13号　邮政编码100011）
印　　装：大厂聚鑫印刷有限责任公司
787mm×1092mm　1/16　印张13¾　字数260千字　2019年10月北京第1版第1次印刷

---

购书咨询：010-64518888　　　　　　　　　售后服务：010-64518899
网　　址：http://www.cip.com.cn
凡购买本书，如有缺损质量问题，本社销售中心负责调换。

---

定　价：58.00元　　　　　　　　　　　　　　　　　　　版权所有　违者必究

全球采购和供应链快速发展的今天,人工智能、大数据、工业机器人、物联网、互联网金融、区块链等新兴技术和概念层出不穷,令人应接不暇。身处其中的每个人每天都感受到信息狂澜,如何在海量信息、碎片化信息和数据中获取对自身和所处行业有效的、系统化的信息;我国制造企业跨越式发展、弯道超车,不管是主动还是被动地进入工业4.0和智能制造,如何用最先进的理论和实践进行指导,都是当今我国实体经济中的支柱——制造企业进行产业升级和内部增效最重要的一个课题。

我国制造业的发展同时面临着人口红利消除、国际分工细化、高科技领域竞争加剧、全球原材料资源涨价等问题。很多在剧烈市场竞争环境里生存的大中型企业开始考虑优化和变革自己的采购与供应链管理体系。如何能够将原材料供应商与终端消费者整合起来,实现最少的库存、最精准的营销、最短的生产周期,获取生产效率的最优化和商业利益的最大化是这些企业目前最迫切的问题。同时,这些问题也给当前我国制造业的供应链管理带来更高要求。

拥有科学的采购与供应链管理思想是制造企业提高管理水平、改善质量、节约成本的基础。企业还需要建立一整套科学的采购与供应链管理系统,将采购管理的各项工作纳入整个公司的内部管理体系中,保证采购过程中各环节间的信息通畅,提高企业内部各协作部门的工作效率。

同时,对企业各种仓储行为进行整体的规划,对于仓储模式、仓储设施、储存空间、信息管理系统等进行决策及设计,通过合理的仓储规划不仅可以有效地提高仓储工作效率,更可直观地对仓储作业活动进行调控。

总之,良好的采购与供应链管理,可以充分利用企业外部资源、利用供应商的运作来减少企业采购作业流程,让供应商对自己的产品负责,对物资的供应负责，减轻企业采购人员的工作负担和责任，减轻仓储工作人员的作业难度，在降低成本的同时提高效率，实现企业与供应商的双赢。

《采购管理从入门到精通》一书就是在科学的采购与供应链管理思想基础上，采用图解的方式，去理论化，通过范本、案例对采购管理的知识框架和现实应用做出完整呈现。本书分为采购管理概述、采购计划与预算管理、供应商的开发与管理、采购谈判、采购订单处理与跟进、采购质量管理、采购成本控制、网上采购8个章节，对采购管理进行了系统的归纳和分析，不论是初学者还是从事多年的采购管理者，都可以用来学习参考和对照，希望此书能够给大家带来更多启迪和思考。

《采购管理从入门到精通》一书是上海市属高校第五批应用型本科专业试点建设项目（物流管理）的阶段性研究成果。其中，第一章至第四章由涂高发编写；第五章至第八章由上海海洋大学刘乔编写。由于编者水平有限，加之时间仓促、参考资料有限，书中难免出现疏漏与缺憾之处，敬请读者批评指正。

笔　者

# 目录 —— Contents

## 第 1 章 采购管理概述

采购，是指企业在一定的条件下从供应市场获取产品或服务作为企业资源，以保证企业生产及经营活动正常开展的一项企业经营活动。采购管理是计划下达、采购单生成、采购单执行、到货接收、检验入库、采购发票的收集到采购结算的采购活动的全过程，对采购过程中物流运动的各个环节状态进行严密的跟踪、监督，实现对企业采购活动执行过程的科学管理。

### 1.1 采购分类和方式 / 001

1.1.1 采购的概念 / 001
1.1.2 采购的地位 / 001
1.1.3 采购类型 / 002

### 1.2 采购管理 / 002

1.2.1 什么是采购管理 / 002
1.2.2 采购管理和采购的区别 / 002
1.2.3 采购管理的目标 / 003
1.2.4 采购管理的基本职能 / 003
1.2.5 企业采购管理业务内容和模式 / 003
1.2.6 企业采购管理控制要点 / 006

# 第 2 章
## 采购计划与预算管理

采购计划是指采购人员在了解市场供求情况，认识企业生产经营活动过程中和掌握物料消耗规律的基础上，对计划期内物料采购管理活动所做的预见性的安排和部署。采购预算即采购计划以金额来表达的形式，是对所需求的原料、物料、零件等的数量及成本做出的详细计划，以利于整个企业目标的达成。做好采购计划与预算是采购管理中重要的一环。

### 2.1 采购计划概述 / 007

2.1.1 采购计划的概念 / 007
2.1.2 采购计划的分类 / 007
2.1.3 编写采购计划的目的 / 008
2.1.4 编写采购计划的作用 / 008
2.1.5 编写采购计划的基础资料 / 009

### 2.2 采购计划的主要环节 / 013

2.2.1 认证的环节 / 014
2.2.2 订单的环节 / 017

### 2.3 采购需求分析 / 019

2.3.1 运用采购需求表 / 020
2.3.2 统计分析 / 021
2.3.3 采用ABC分析法 / 021
2.3.4 物资消耗定额管理 / 022
2.3.5 推导分析 / 024

### 2.4 采购预算 / 026

2.4.1 采购预算的目的 / 026
2.4.2 采购预算的类别 / 027
2.4.3 材料采购预算的编制 / 028

# 第3章
## 供应商的开发与管理

> 供应商的开发与管理是整个采购体系的核心，其表现也关系到整个采购部门的业绩。一般来说，供应商的开发与管理包括：供应市场竞争分析，寻找合格供应商，潜在供应商的评估、询价和报价，合同条款的谈判，最终供应商的选择、激励、管理。

### 3.1 供应商开发 · / 029

3.1.1 供应商开发的基本准则 / 029
3.1.2 供应商开发流程 / 029
【范本1】供应商基本资料表 / 034
【范本2】供应商问卷调查表 / 035
【范本3】拟考察供应商名录 / 036
【范本4】供应商评分卡 / 040
【范本5】供应商考察表 / 041
【范本6】询价单 / 042
【范本7】物料采购询价单 / 043
【范本8】采购成本分析表 / 046
【范本9】供应商比较表 / 050
【范本10】合格供应商名录 / 051

### 3.2 供应商管理 · / 052

3.2.1 与供应商建立双向沟通 / 052
3.2.2 监视供应商的交货状况 / 053
【范本11】A级供应商交货基本状况一览表 / 053
【范本12】供应商交货状况一览表 / 054
【范本13】检验品质异常报告 / 054
【范本14】供应商异常处理联络单 / 055
3.2.3 供应商品质抱怨处理 / 055
【范本15】品质抱怨单 / 056
【范本16】品质抱怨回复记录表 / 056
3.2.4 来料后段重大品质问题处理 / 057
3.2.5 定期对供应商考核 / 058
【范本17】供应商评鉴表 / 061
【范本18】供应商绩效考核分数表 / 061
3.2.6 防止供应商垄断 / 062

# 第4章
## 采购谈判

采购谈判并非市场上买菜式"讨价还价",成功的谈判,是一种买卖双方经过计划、检讨及分析的过程达成互相可接受的协议或折中方案。而这些协议或折中方案里包含了所有交易的条件,并非只有价格。采购谈判中折中方案的目的是双赢,因为谈判不同于球赛或战争,在球赛或战争中只有一个赢家,而另一个则是输家。而在成功的谈判里,双方都是赢家,只是一方可能比另一方多赢一些。即谈判技巧较好的一方将会获得较多的收获。

### 4.1 采购谈判规划 / 065
- 4.1.1 做好预测 / 065
- 4.1.2 学习谈判模式 / 066
- 4.1.3 分析采购现状 / 068
- 4.1.4 对采购优劣势的分析 / 068

### 4.2 采购谈判准备 / 069
- 4.2.1 收集采购谈判资料 / 069
- 4.2.2 制定采购谈判方案 / 071
- 4.2.3 选择采购谈判队伍 / 072
- 4.2.4 确定谈判地点 / 074
- 4.2.5 安排与布置谈判现场 / 074
- 4.2.6 模拟谈判 / 075

### 4.3 采购谈判的过程控制 / 075
- 4.3.1 有礼貌的相互介绍 / 076
- 4.3.2 立场表现要明确 / 076
- 4.3.3 议程中遵循三原则 / 079
- 4.3.4 选择适当的谈判方式 / 080
- 4.3.5 僵局一定要打破 / 082
- 4.3.6 谈判结束时的掌握 / 083

### 4.4 采购谈判策略与技巧 / 084
- 4.4.1 不同优劣势下的谈判技巧 / 084
- 4.4.2 采购谈判的沟通技巧 / 087
- 4.4.3 采购谈判的禁忌 / 090

4.5 采购价格谈判 · / 092

    4.5.1 影响采购价格的因素 / 092
    4.5.2 采购询价 / 094
    4.5.3 供应商报价 / 100
    4.5.4 价格确定 / 101

4.6 采购压价技巧 · / 102

    4.6.1 还价技巧 / 103
    4.6.2 杀价技巧 / 104
    4.6.3 让步技巧 / 105
    4.6.4 讨价还价技巧 / 105
    4.6.5 直接议价技巧 / 107
    4.6.6 间接议价技巧 / 108

# 第5章
## 采购订单处理与跟进

> 采购订单伴随着订单和物品的流动贯穿了整个采购过程。订单的目的是实施订单计划,从采购环境中购买物品项目,为生产过程输送合格的原材料和配件,同时对供应商群体绩效表现进行评价和反馈。

5.1 制作并发出采购订单 · / 110

    5.1.1 请购的确认 / 110
    【范本1】采购申请单 / 113
    【范本2】采购申请单 / 114
    5.1.2 采购订单准备 / 114
    5.1.3 选择本次采购的供应商 / 115
    5.1.4 与供应商签订采购订单 / 117
    【范本3】采购订单 / 118
    5.1.5 小额请购的处理 / 120
    5.1.6 紧急订单的处理 / 120
    5.1.7 采购订单的传递和归档 / 122

5.2 交期管理与货物跟催 · / 123

    5.2.1 按时交付是采购的目标 / 123

5.2.2 规定合适的前置期 / 124
5.2.3 采购催货的规划 / 126
5.2.4 采购跟催执行 / 127
5.2.5 减少催货的措施 / 132

## 5.3 采购进货控制 / 138

5.3.1 什么是进货管理 / 138
5.3.2 进货管理的目标 / 138
5.3.3 交货管理步骤 / 139
5.3.4 采购交货合同控制 / 140
【范本4】运输代理协议 / 142
5.3.5 运输交货进度的控制 / 144

## 5.4 采购收货作业控制 / 146

5.4.1 物品验收工作要求 / 146
5.4.2 做好验收准备 / 147
5.4.3 采购物品验收工作过程 / 147
5.4.4 验收结果处理 / 149

## 5.5 退货与索赔 / 150

5.5.1 国内采购的退货与索赔 / 150
5.5.2 国外采购的退货与索赔 / 150

# 第6章
# 采购质量管理

采购质量管理，是指对采购质量的计划、组织、协调和控制，通过对供应商质量评估和认证，从而建立采购管理质量保证体系，保证企业的物资供应活动。企业加强采购质量的管理有利于提高企业产品质量，有利于保证企业生产有节奏、持续进行，有利于保证企业产品生产和使用环节的安全。

## 6.1 采购部门的质量管理 / 152

6.1.1 物料采购计划工作 / 152
6.1.2 物料采购的组织工作 / 152
6.1.3 物料采购供应的协调工作 / 153

6.1.4 物料采购供应的控制工作 / 157

## 6.2 供应商质量评估、认证 / 157

6.2.1 评估供应商 / 157
6.2.2 建立采购认证体系 / 158
6.2.3 与供应商签订质量保证协议 / 163
【范本】供方质量保证协议 / 164
6.2.4 做好验收审查工作 / 169

## 6.3 建立采购质量保证体系 / 171

6.3.1 要有明确的采购质量目标 / 171
6.3.2 建立健全采购质量管理机构和制度 / 172
6.3.3 建立健全采购质量标准化体系 / 173
6.3.4 加强质量教育、强化质量意识 / 174

# 第7章 采购成本控制

175

采购成本控制是指对与采购原材料部件相关的物流费用的控制，包括采购订单费用、采购计划制订人员的管理费用、采购人员管理费用等。控制采购成本对一个企业的经营业绩至关重要。采购成本下降不仅体现在企业现金流出的减少，而且直接体现在产品成本的下降、利润的增加，以及企业竞争力的增强。

## 7.1 采购成本的构成 / 175

7.1.1 维持成本 / 175
7.1.2 订购成本 / 176
7.1.3 缺料成本 / 176

## 7.2 采购成本控制方法 / 178

7.2.1 ABC分类控制法 / 178
7.2.2 定期采购控制法 / 179
7.2.3 定量采购控制法 / 180
7.2.4 经济订货批量控制法 / 181
7.2.5 成本分析法 / 181

## 7.3 采购成本降低的策略 / 184

- 7.3.1 产品设计时优化选材 / 184
- 7.3.2 加强成本核算 / 185
- 7.3.3 集中采购 / 186
- 7.3.4 进口部件国产化 / 188
- 7.3.5 电子采购法 / 189

# 第8章 网上采购
191

> 网上采购是电子商务的一种具体形式。利用网络采购可以大大避免传统采购的不足，更有利于企业的采购与采购管理，充分体现采购在企业运行中的地位与作用，能够更好地完成采购目标任务。

## 8.1 拥抱"互联网+"，开启采购新时代 / 191

- 8.1.1 "互联网+"下大数据驱动的采购与运营 / 191
- 8.1.2 "互联网+"下的企业采购优势 / 192

## 8.2 网上采购的认知 / 194

- 8.2.1 网上采购的概念 / 194
- 8.2.2 网上采购的分类 / 195
- 8.2.3 网上采购的模式 / 196
- 8.2.4 网上订货的好处 / 198

## 8.3 网上采购的运作与管理 / 199

- 8.3.1 对网络采购员的管理 / 199
- 8.3.2 对网络供应商的管理 / 201
- 8.3.3 网上采购供应链管理 / 203
- 8.3.4 网上采购的运作管理 / 204
- 8.3.5 网上交易安全管理 / 206

# 第1章 采购管理概述

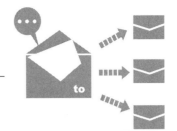

> **引言** 采购,是指企业在一定的条件下从供应市场获取产品或服务作为企业资源,以保证企业生产及经营活动正常开展的一项企业经营活动。采购管理是计划下达、采购单生成、采购单执行、到货接收、检验入库、采购发票的收集到采购结算的采购活动的全过程,对采购过程中物流运动的各个环节状态进行严密的跟踪、监督,实现对企业采购活动执行过程的科学管理。

## 1.1 采购分类和方式

### 1.1.1 采购的概念

采购是指采购人或采购实体基于生产、转销、消费等目的,购买商品或劳务的交易行为。采购同销售一样是市场上常见的交易行为。

采购不是单纯的购买行为,而是从市场预测开始,经过商品交易,直到采购的商品到达需求方的全过程。其中包括:了解需要,市场调查,市场预测,制订计划,确定购买方式,选择供应商,确定质量、价格、交货期、交货方式以及交通运输方式,协商洽谈,签订协议,催交订货,质量检验,成本控制,结清货款,加强协作,广集货源等一系列工作环节。

### 1.1.2 采购的地位

(1)采购在商品流通过程中的地位

按发生的顺序来说,商品流通包括采购、运输、储存、销售四个环节。显然采购是商品流通的起点,如果没有采购活动的发生,商品流通过程的运行就不能启动,就更加谈不上销售,商品流通的目的也就没办法实现。因此,采购在商品流通过程和社会再生产中处于重要的位置。

（2）采购在生产过程中的地位

从企业生产的微观角度来说，采购处于关键地位。采购不仅是企业生产活动的起点，而且贯穿企业生产的整个过程。只有通过采购活动，企业所需的生产资料包括机械、设备、工具、原材料、辅助工具、燃料等，才能进入企业生产消费或使用，采购为企业生产经营活动创造了启动的物质技术基础。

### 1.1.3 采购类型

（1）按采购商品的品种性质分类

按采购商品的品种性质可将采购分为常规品采购、紧缺品采购、生鲜采购和时令采购等多种采购。

（2）按采购主体分类

按采购主体不同进行分类可将采购分为私人采购、团体采购、企业采购和政府采购。

（3）按采购技术分类

按采购技术分类可以将采购技术划分为传统采购和现代采购。

（4）按采购职能的范围和目标分类

按采购职能的范围和目标来分类可以将采购划分为商业领域采购、公共领域采购和制造业采购。

## 1.2 采购管理

### 1.2.1 什么是采购管理

采购管理是企业为了达成产销计划，从适当的供应商（Right Vendor），在确保适当的品质（Right Quality）下，于适当的时间（Right Time），以适当的价格（Right Price），获得适当数量（Right Quantity）的物料或服务所采取的一系列管理活动。

### 1.2.2 采购管理和采购的区别

采购管理和采购不是一回事。采购是一种作业活动，是为完成指定的采购任务而进行具体操作的活动，一般由采购员承担。其使命，就是完成具体采购任务；其权利，只能调动采购部分配的有限资源。

采购管理是管理活动，是面向整个企业的，不但面向企业全体采购员，而且面向企业其他工作人员（进行有关采购的协调配合工作）。其使命，就是要保证整个企业的物资供应；其权利，是可以调动整个企业的资源。

### 1.2.3 采购管理的目标

采购在企业中占据着非常重要的地位，因为购进的零部件和辅助材料一般要占到最终产品销售价值的40%～60%。这意味着，在获得物料方面所做的点滴成本节约对利润产生的影响，要大于企业其他成本——销售领域内相同数量的节约给利润带来的影响。所以，采购管理非常重要，其主要目标如下。

（1）提供不间断的物料流和物资流，从而保障组织运作。
（2）使库存投资和损失保持最小。
（3）保持并提高质量。
（4）发展有竞争力的供应商。
（5）当条件允许的时候，将所购物料标准化。
（6）以最低的总成本获得所需的物资和服务。
（7）提高公司的竞争地位。
（8）协调企业内部各职能部门间的合作。
（9）以最低的管理费用完成采购目标。

### 1.2.4 采购管理的基本职能

企业采购管理是一个系统过程，有自己的运作流程和运作模式，其基本职能有三点。
（1）保证企业所需的各种物资的供应。
（2）与供应商建立稳定有效的合作关系，为企业营造一个宽松有效的资源环境。
（3）从资源市场获取各种信息，为企业的物资采购和生产决策提供信息支持。
其中第一点是最重要、最基本的任务。如果这一点搞不好，就不能称之为采购管理。

### 1.2.5 企业采购管理业务内容和模式

为了实现采购管理的基本职能，采购管理需要有一系列的业务内容和业务模式。采购管理的业务内容和模式如图1-1所示。

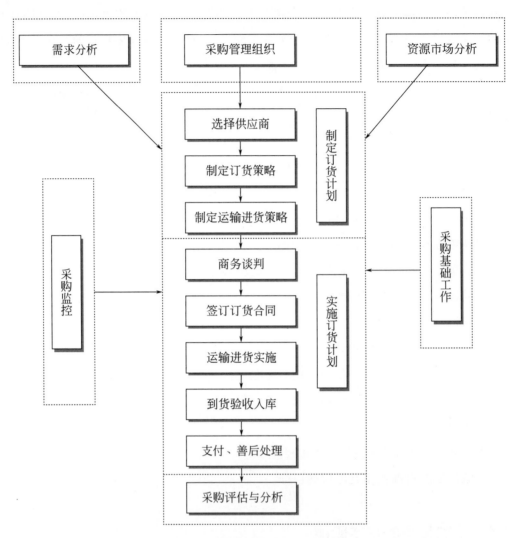

图1-1 采购管理的业务内容和模式

#### 1.2.5.1 采购管理组织

采购管理组织,是采购管理最基本的组成部分,为了搞好企业复杂繁多的采购管理工作,需要有一个合理的管理机制和一个精干的管理组织机构,要有一些能干的管理人员和操作人员。

#### 1.2.5.2 需求分析

需求分析,就是要弄清楚企业需要采购什么品种、需要采购多少、什么时候需要什么品种、需要多少等问题。作为整个企业的物资采购供应部门,应当掌握全企业的物资需求情况,制订物料需求计划,从而为制订出科学合理的采购订货计划做准备。

#### 1.2.5.3 资源市场分析

资源市场分析,是指根据企业所需求的物资品种,分析资源市场的情况,包括资源分布情况、供应商情况、品种质量、价格情况、交通运输情况等。资源市场分析的重点是供应商分析和品种分析,分析的目的是为制订采购订货计划做准备。

#### 1.2.5.4 制订订货计划

制订订货计划,是指根据需求品种情况和供应商的情况,制订出切实可行的采购订货计划,包括选择供应商、供应品种、具体的订货策略、运输进货策略以及具体的实施进度计划等。具体解决什么时候订货、订购什么、订多少、向谁订、怎样订、怎样进货、怎样支付等一系列计划问题,为整个采购订货规划一个蓝图。

#### 1.2.5.5 实施订货计划

实施订货计划,是指把上面制订的订货计划分配落实到人,根据既定的进度进行实施,具体包括联系指定的供应商、进行贸易谈判、签订订货合同、运输进货、到货验收入库、支付货款以及善后处理等。通过这样的具体活动,最后完成了一次完整的采购活动。

#### 1.2.5.6 采购评估与分析

采购评估,是指在一次采购完成以后对这次采购的评估,或月末、季末、年末对一定时期内的采购活动的总结评估。主要评估采购活动的效果、总结经验教训、找出问题、提出改进方法等。通过总结评估,可以肯定成绩、发现问题、制定措施、改进工作,不断提高采购管理水平。

#### 1.2.5.7 采购监控

采购监控,是指对采购活动进行的监控活动,包括对采购有关人员、采购资金、采购事物活动的监控。

#### 1.2.5.8 采购基础工作

采购基础工作,是指为建立科学、有效的采购系统,需要进行的一些基础性建设工作,包括管理基础工作、软件基础工作和硬件基础工作。

## 1.2.6 企业采购管理控制要点

从采购管理的业务内容和模式就可以看出采购管理应考虑的问题和控制要点,如图1-2所示。

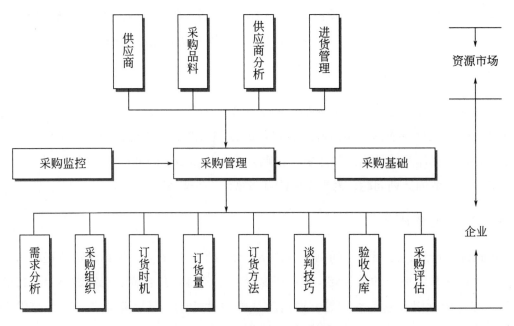

图1-2 采购管理要考虑的问题

# 第2章 采购计划与预算管理

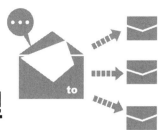

> **引言**
> 
> 采购计划是指采购人员在了解市场供求情况,认识企业生产经营活动过程中和掌握物料消耗规律的基础上,对计划期内物料采购管理活动所做的预见性的安排和部署。采购预算即采购计划以金额来表达的形式,是对所需求的原料、物料、零件等的数量及成本做出的详细计划,以利于整个企业目标的达成。做好采购计划与预算是采购管理中重要的一环。

## 2.1 采购计划概述

### 2.1.1 采购计划的概念

计划是管理的首要职能,任何组织都不能没有计划。所谓计划,就是根据实际情况,权衡客观需要和主观可能,通过科学预测,提出在未来一定时期内组织所要达成的目标以及实现目标的方法。换句话说是指管理人员对未来应采取的行动所做的谋划和安排。

采购计划是企业管理人员在了解市场供求情况、认识企业生产经营活动过程及掌握物品消耗规律的基础上,对计划期内的物品采购活动所做的预见性安排和部署。

广义:指为保证供应各项生产经营活动的物料需要而编制的各种采购计划的总称。

狭义:指年度采购计划,即对企业计划年度内生产经营活动所需采购的各种物料的数量和时间等所做的安排和部署。

其中,何时、何处取得合适数量的原材料是采购计划的重点所在。采购计划就是购入原材料的预见性的安排和部署,因此对于整个采购运作的成败有非常重要的作用。

### 2.1.2 采购计划的分类

采购计划分物料采购计划、资金需求计划、采购工作计划三大部分(当然还有供应商开发计划、品质改善计划等,但这都含在采购工作计划里)。

#### 2.1.2.1 物料采购计划

物料采购计划是采购人员依据公司的生产经营状况及生管部下达的物料需求计划拟定的,有季度、月度的采购计划。

#### 2.1.2.2 资金需求计划

这是采购人员根据与供应商谈的付款期,统计到期应付的款项和采购人员预计临时需要的资金计划(如紧急物料、设备),相对不是很准确。也可以采用周计划来进行调控,使物料采购更为合理。

#### 2.1.2.3 采购工作计划

采购工作计划分年度计划,即采购人员做一个在整个年度的一个工作方向的定位及要达成的成绩的展望,细分有月度计划、周计划(有的公司有季计划、月计划、周计划、日计划)。在这些采购相关的具体的工作计划中,要体现出采购人员在工作中做了哪些事儿(比如,供应商开发、不良物料处理、订单下达、付款申请、内部培训等)。

### 2.1.3 编写采购计划的目的

企业的采购计划要发挥作用,以达到如下的目的。
(1)预计采购物料所需的时间和数量,防止供应中断,影响产销活动。
(2)避免物料储存过多、积压资金以及占用存储空间。
(3)配合企业生产计划与资金调度。
(4)使采购部门事先准备,选择有利时机购入物料。
(5)确定物料耗用标准,以便管理物料采购数量与成本。

采购计划作为采购管理的第一步,起到知道采购部门的实际工作、保证产销活动的正常进行和提高企业经济效益的作用。

### 2.1.4 编写采购计划的作用

俗话说得好:"好的计划是成功的一半",制订一个合理的采购计划、对整个采购运作的成败有非常重要的作用。具体表现如下所述。

#### 2.1.4.1 能有效地规避风险,减少损失

采购计划是面向未来的,企业在编制采购计划时,已经对未来因素进行了深入的分

析和预测，能够做到有备无患，既保证企业正常经营需要的物料，又降低了库存水平，减少了风险。

#### 2.1.4.2 为企业组织采购提供依据

采购计划具体安排了采购物料的活动，企业管理者按照这个安排进行组织采购就有了依据。

#### 2.1.4.3 有利于资源的合理配置，以取得最佳的经济效益

采购计划选择经营决策的具体化和数量化保证资源分配的高效率，对未来物料供应进行科学筹划，有利于合理利用资金，能最大限度地发挥各种资源的作用，从而获得最佳效益。

### 2.1.5 编写采购计划的基础资料

由于影响采购计划的因素很多，所以采购部门在拟定好采购计划以后，还必须与生产部门经常保持联系，并根据实际情况的变化作出必要的调整与修订，以保证维持企业正常的产销活动，协助财物部门妥善规划资金收支。通常在编制采购计划之前应掌握企业的年度销售计划、主生产计划、物料清单、库存记录卡、物料标准成本的设定及生产效率等。

#### 2.1.5.1 销售计划

销售计划是各项计划的基础，年度销售计划是在参考上一年度本身和竞争对手的销售实绩，列出的销售量及平均单价的计划；即表明各种产品在不同时间的预期销售数量和单价。销售计划的拟订受到外部不可控因素和内部可控因素的影响。具体而言，外部不可控因素包括国内外的政治、经济、文化以及社会环境、人口增长、科技发展等因素的影响；内部可控因素包括企业的技术水平、厂房设备、原材料供应情况、人力资源和财务状况等。一个好的销售计划一定是符合组织自身的特点、适用于本组织发展现状的计划。要想制订准确的采购计划，必须依赖于对销售因素的准确预测以及对销售计划的准确制订。

#### 2.1.5.2 主生产计划

主生产计划（Master Production Schedule，MPS）是确定每一具体的最终产品在每一具体时间段内生产数量的计划。这里的最终产品是指对于企业来说最终完成、要

出厂的完成品，它要具体到产品的品种、型号。这里的具体时间段，通常是以周为单位，在有些情况下，也可以是日、旬、月。

在计划层次中，经营规划和销售与运作规划具有宏观性质，主生产计划是宏观向微观的过渡计划，物料需求计划是主生产计划的具体化，能力需求计划把物料需求转化为能力需求，而车间作业计划和采购作业计划则是物料需求计划和能力需求计划的执行阶段。

主生产计划是MRP的（Material Requirement Planning，物料需求计划）一个重要计划层次，主生产计划是关于"将要生产什么"的一种描述，它根据客户合同和预测，把销售与运作规划中的产品系列具体化，确定出场产品，使之成为展开MRP与CRP（Capacity Requirements Planning，能力需求计划）运算的主要依据。它起着承上启下，从宏观计划向微观计划过渡的作用。主生产计划在3个模块中起"龙头"模块作用，它决定了后续的所有的计划及制造行为。

为什么要先有主生产计划，再根据主生产计划制定物料需求计划？直接根据销售、预测和客户订单来制定物料需求计划不行吗？

应该看到，MRP的计划方式就是追踪需求，如果直接根据预测和客户订单的需求来运行MRP，则得到的计划将在数量和时间上与预测和客户订单需求相互匹配。但，预测和客户订单是不稳定、不均衡的，直接用来安排生产将会出现加班加点也不能完成任务或设备闲置导致很多人没有活干的现象，这恰恰是目前加工型企业的普遍现象，将给企业带来疲于应付的被动局面，而且企业的生产能力和其他资源是有限的，这样的安排也不是总能做到的。

通常主生产计划是根据客户合同（订单）和市场预测，把经营计划或生产大纲中的产品系列具体化，使之成为展开物料需求计划的主要依据，起到了从综合计划向具体计划过渡的承上启下作用。MPS最终将成为生产部门执行的目标，并成为考核工厂服务水准的依据。在MRP系统中，主生产计划是作为驱动的一整套计划数据，反映企业打算生产什么，什么时候生产以及生产多少。主生产计划必须考虑客户订单和预测、未完成订单、可用物料的数量、现有能力、管理方针和目标等，MPR的制订和执行过程如图2-1所示。

一般而言，生产部门是采购物料的使用者，他们在使用过程中的实践和技术经验可以为采购部门提供关于物料质量和生产进度方面的信息，采购部门通过对这些信息的处理，可以获得一个有用的、规划采购业务的工具。有了年度生产计划，就可以在正常的提前期内进行采购并获得有利的最终价格。同时生产计划是依据销售计划来制定的，而原材料的采购数量又是依据生产计划来定的。他们之间是一个信息互动、互为协作的关系。因此，要想制订准确的采购计划必须有一份准确的生产计划。

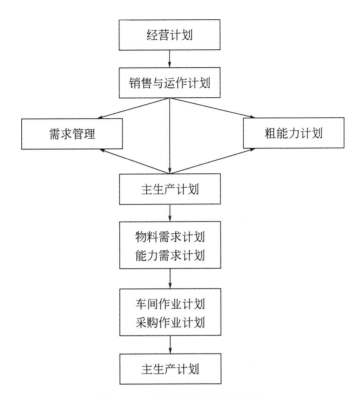

图2-1　MRP的制订和执行过程

生产计划＝预计销售数量＋预期的期末存货－期初存货

### 2.1.5.3　物料清单

生产计划只列出产品数量，而无法知道某一产品所用的物料种类以及数量多少，因此确定采购数量还要借助于物料清单。物料清单是由产品设计部门或研发部门制定的，根据物料清单可以精确地计算出每一种产品的物料需求数量。但在实际生产过程中，产品的规格、型号的变更非常频繁，物料清单很难随之及时调整，使得依此计算出来的所需物料与实际使用的物料在数量或规格方面不相符合，造成采购数量过剩或不足，采购规格无法及时获得，因此，要想制订准确的采购计划，必须依赖于最新、最准确的物料清单。

所谓物料清单就是用电子计算机读出企业所制造的产品构成和所有要涉及的物料，并用图示表达的产品结构转化成某种数据格式，这种以数据格式来描述产品结构的文件称为物料清单（Bill Of Material，BOM）。

物料清单是定义产品结构的技术文件，因此，它又称为产品结构表或产品结构树，如图2-2所示。在某些工业领域，可能称为"配方""要素表"或其他名称。

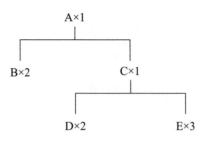

图 2-2 产品结构树

注意如下两点。

（1）物料清单表明了产品→部件→组件→原材料之间的结构关系，以及每个组装所包含的下属部件的数量或提前期。物料清单见表 2-1。

（2）物料一词有着广泛的含义，它是所有产品、半成品、在制品、原材料、毛坯、配套件、协作件和易耗品等与生产有关的物料的统称。

物料清单，是描述某一成品由哪些原物料或半成品所组成，且说明其彼此间的组合过程。如图 2-2 所示，成品 A，是由两个原料 B，及一个半成品 C 所组成，而半成品 C 则是由二个原料 D 及三个原料 E 所组成。

依其组成关系，A 为 B、C 的母件，B、C 为 A 的子件；C 为 D、E 的母件，D、E 为 C 的子件。

如果 A 之上再无母件，A 可称为成品，C 为自制或委外的半成品，B、D、E 则为采购件，采购件不可能是母件。

A 对 B、C，或者 C 对 D、E 的上下关系，称为单阶。如果对整个结构而言，上中下各阶，称为多阶或全阶。

表 2-1 物料清单

| 产品名称 | | | | | | | 简图 | | |
|---|---|---|---|---|---|---|---|---|---|
| 产品型号 | | | | | | | | | |
| 开发日期 | | | | | | | | | |
| 客户 | | | | | | | | | |
| 序号 | 材料名称 | 规格 | 计量单位 | 标准用量 | 损耗率 | 材料来源 | 单价 | 备注 |
| | | | | | | | | |
| | | | | | | | | |
| | | | | | | | | |
| | | | | | | | | |
| | | | | | | | | |

确认：　　　　　　审核：　　　　　　制定：

#### 2.1.5.4 设备维修计划和技术改造计划

设备维修计划是规定企业在计划期内需要进行修理的设备的数量和修理的时间和进度等。技术改造计划是规定企业在计划期内要进行的各项技改项目的进度、预期的经济效果,以及实现技改所需要的人力、物资费用和负责执行的单位。这两个计划提出的物料需求品种、规格、数量和需要时间,是编制物料采购计划的依据,采购计划要为这两个计划的实现提供保证。

#### 2.1.5.5 基本建设计划和科研计划

基本建设计划规定企业在计划期内的建设项目、投资额、实物工程量、开工日期、建设进度以及采用的有关经济技术定额,这些都是编制采购计划的依据。科研计划规定企业在计划期内进行的科研项目。科研项目提出的固定物质需求是编制物料采购计划的依据,具有新、少、急、难的特点。

#### 2.1.5.6 存量管制卡

若产品有存货,则生产数量不一定要等于销售数量,存量管制卡如表2-2所示。

表2-2 存量管制卡

卡号:

| 品名 | | 料号 | | | 请购点 | | | 安全存量 | | |
|---|---|---|---|---|---|---|---|---|---|---|
| 规格 | | 存放 | 库号:架位: | | 一次请购量 | | | 采购前置时间 | | |
| 日期 | 凭证号码 | 摘要 | 入库 | | 出库 | | 结存数量 | 请(订)购量 | | | | | 备注 |
| | | | 收 | 欠收 | 发 | 欠发 | | 订购量 | 订购单号 | 订购日 | 请求交货日 | 实际交货日 | 交货量 | |
| | | | | | | | | | | | | | | |
| | | | | | | | | | | | | | | |
| | | | | | | | | | | | | | | |
| | | | | | | | | | | | | | | |

## 2.2 采购计划的主要环节

采购计划的主要环节包括:采购认证和采购订单。采购认证,是指企业采购人员对采购环境进行考察并建立采购环境的过程。对于需要与供应商合作开发项目的采购方来说，就有必要进行采购认证。采购认证根据项目的大小、期限的长短等采取不同的认证方法。采购订单，是指企业采购部门向原材料、燃料、零部件、办公用品等的供应者发出的订货单，表示了对与供应商进行采购业务的正式的和最终的确认。

## 2.2.1 认证的环节

采购计划程序是整个采购运作的第一步，应根据市场需求、企业生产能力和所需的采购量来确定。完整的采购计划包括采购认证计划和采购订单计划两部分。这两部分必须综合平衡，才能保证物料的采购成功。

采购认证——是企业采购人员对采购环境进行考察并建立采购环境的过程。

### 2.2.1.1 准备认证计划

（1）熟悉认证的物料项目

采购人员在拟定采购计划、与供应商接触之前，要熟悉认证的物料项目。

采购人员在搞清采购项目属于哪个专业范围之后，就应尽快熟悉该领域专业知识，这样才能做到在进行认证工作时得心应手。

（2）熟悉采购批量需求

要想制订较为准确的认证计划，要做到以下两点。

① 必须熟知物料需求计划。物料需求计划确定了采购的规模、范围和时间。

② 熟悉采购环境。目前物料采购环境有两种：一是在目前采购环境中可以找到的货源供应，另一种是新货源，这种新货源是原来的采购环境无法提供的，需要寻找新的供应商，或者与供应者一起研究新货源提供或生产的可行性。

（3）掌握余量需求

随着市场需求的增加，旧的采购环境容量不足以支持货源需求；或者随着采购环境呈下降趋势，该货源的采购环境容量在缩小，满足不了需求。以上两种情况产生余量需求从而要求对采购环境要求进行扩容。采购人员就要在市场调查的基础上选择新的采购环境。采购环境容量的信息可以由认证人员和订单人员提供。

（4）准备认证环境资料

采购环境的内容包括：认证环境和订单环境两个部分。认证过程是供应商样件及小批量试制过程，需要有强大的技术力量支持，有时需要与供应商一起开发；订单过程是供应商的规模化生产过程，突出表现是自动化机器流水作业及稳定的生产，技术工艺已经固化在生产流程中，所以它的技术支持难度较前者为小。

（5）制订认证计划说明书

制订认证计划说明书就是准备好认证计划所需要的资料，主要内容包括：认证计划说明书（物料名称、需求数量、认证周期等），并附有需求计划、余量需求计划、认证环境资料等。

#### 2.2.1.2 评估认证需求

（1）分析需求

进行物料开发批量需求的分析，不仅要分析数量上的需求，而且要掌握物料的技术特征等信息。物料批量需求是各种各样的，计划人员应对开发物料需求做详细分析，必要时与开发人员、认证人员一起研究开发物料的技术特征，按照已有的采购环境及认证计划经验进行分类。

（2）分析余量需求

余量认证的产生来源：一是市场销售量的扩大；二是采购环境订单容量的萎缩；这两种情况都导致了目前采购环境的订单容量难以满足用户的需求，因此需要增加采购环境容量。对于因市场需求的原因造成的，可以通过市场需求计划得以了解各种货源的需求量及时间；对于因供应商萎缩原因造成的，可以通过分析现实采购环境的总体订单容量与原定容量之间的差别得到。两种情况的余量相加即可得到总需求余量。

（3）确定认证需求

根据开发需求及余量需求的分析结果，确定认证需求。认证需求是指通过认证手段，获得具有一定订单容量的采购环境。

#### 2.2.1.3 计算订单容量

（1）分析货源供应资料

企业需要采购的物料是多种多样的，如机械、电子、软件、设备、生活日用品等物料项目，加工过程各种各样，非常复杂。作为采购主体的企业，需要认证的物料项目可能是上千种物料中的几种，熟练分析几种物料的认证资料是可能的，但对于规模较大的企业，分析上千种甚至上万种物料的难度要大得多。企业的物料采购计划人员要尽可能熟悉物料采购项目的认证资料。

（2）计算总体订单容量

在采购环境中，供应商的订单容量与认证容量是两个概念。有时可以相互借用，但不是等量的。一般在认证供应商时，要求供应商只做认证项目。在供应商认证合同中，应说明认证容量与订单容量的比例，防止供应商只做批量订单，不愿意做样品认证。把采购环境中所有供应商的认证容量汇总，即可得到采购环境中所有供应商的总体认证容量。

（3）计算承接订单量

即供应商正在履行认证的合同量。

商品供应商在指定时间内的已经签下的订单量，称之为承接订单量。有时供应商各种物料容量之间进行借用，并且在存在多个供应商的情况下，其计算比较复杂。承接认证量等于当前供应商正在履行的认证合同量，承接认证量的计算也是一个复杂的过程。各种物品项目认证周期不同，一般是计算要求的某一时间段的承接认证量。最恰当，最及时的处理方法是借助于电子信息系统，模拟显示供应商以承接认证量，以便进行认证计划决策时使用。

（4）确定剩余订单容量

将某一物料所有供应商群体的剩余认证容量进行汇总得到该物料的剩余认证容量。公式：

$$物料的剩余认证容量 = 物料供应商群体总认证量 - 承接认证量$$

**实例**

某电视机厂去年生产的某型号电视机销量达到10万台，根据市场反映状况，预计今年的销量会比去年增长30%（为生产10万台电视，公司需采购某种零件40万件），公司供应此种零件的供应商主要有两家，A的年产能力是50万件，已有25万件的订单，B的年产能力是40万件，已有20万件的订单，求出认证过程。

解：第一步：分析认证需求

今年销售预测：$10 \times (1+30\%) = 13$ 万件

该种零件的需求量：$13 \times 4 = 52$ 万件

第二步：计算认证容量

A与B的供应量是：$(50-25)+(40-20)=45$ 万件

$52-45=7$ 万件

公司再采购7万件才能满足需求。

### 2.2.1.4 制订认证计划

（1）对比需求与容量

认证需求与供应商对应认证容量之间一般都会存在差异，如果需求小于容量，则无需进行综合平衡，直接按照认证需求制订认证计划；如果供应商对应容量小于认证需求量，则需进行认证综合平衡，对于剩余认证需求需要制订采购环境之外的认证计划。

（2）综合平衡

从全局出发，综合考虑市场、消费者需求、认证容量、商品生命周期等要素，判断认证需求的可行性，通过调节认证计划来尽可能地满足认证需求，并计算认证容量不能满足的剩余认证需求。

（3）确定余量认证计划

对于采购环境不能满足的剩余认证需求，应提交采购认证人员分析并提出对策，与之一起确认采购环境之外的供应商认证计划。

（4）制订认证计划

认证物料数量及开始认证时间的确定方法如下：

$$认证物料数量 = 开发样件需求数量 + 检验测试需求数量 + 样品数量 + 机动数量$$
$$开始认证时间 = 要求认证结束时间 - 认证周期 - 缓冲时间$$

## 2.2.2 订单的环节

### 2.2.2.1 准备物料采购订单计划

（1）预测企业的市场需求

市场需求是采购的牵引项，要想制订较为准确的订单计划，首先必须熟知市场需求计划，或销售计划。市场需求进一步分解便得采购需求计划。企业的年度销售计划在上一年末制订，并报送至各个相关部门，下发至销售部门、计划部门、采购部门，以便指导全年的供应链运作；根据年度计划制订季度、月度的市场销售需求计划。

（2）确定企业的生产需求

企业的生产需求对采购来说可以称之为生产物料需求。生产和物料需求的时间是根据生产计划确定的，通常生产物料需求计划是订单计划的主要来源。为了有利于理解生产和物料需求，采购计划人员需要熟知生产计划及工艺常识。在MRP系统之中，物料需求计划是主生产计划的细化，它主要来源于主生产计划、物料清单和库存文件；编制物料需求计划的主要步骤包括：确定毛需求，确定净需求，对订单下达日期及订单数量进行计划。

（3）准备订单环境资料

在订单商品的认证计划执行完毕之后，便形成该项商品的采购环境（也可称之为订单环境），订单环境资料包括：订单商品的供应商信息；订单比例信息；最小包装信息；订单周期，订单环境一般使用信息系统管理起来，订单人员根据市场需求的商品清单，从信息系统中查询了解该商品的采购环境参数及描述。

（4）制订订单计划说明书

制订订单计划说明书就是准备好订单计划所需要的资料，主要是订单计划说明书（商品名称、需求数量、到货日期等），附有：市场需求计划、采购需求计划、订单环境资料等。

## 2.2.2.2 评估物料采购订单需求

（1）分析市场需求

订单计划不仅仅来源于采购计划，因为订单计划除了考虑销售需求之外，还要兼顾市场战略、潜在的需求等，要对市场需求有一个全面的了解，远期发展与近期切实需求相结合。

（2）分析企业生产需求

分析生产需求，首先就需要研究生产需求的产生过程，其次再分析生产需求量和要货时间。因为每周都有不同的毛需求量和到货量，这样就产生了不同的生产需求，所以对企业不同时期产生的不同生产需求进行分析是很有必要的。

（3）确定订单需求

根据市场需求、销售生产需求的分析结果，确定订单需求。订单需求的内容是：通过订单操作手段，在未来指定的时间里，将指定数量的合格商品采购入库。

## 2.2.2.3 计算订单容量

（1）分析物品（项目）供应资料

认证人员倾注大量时间和精力而得到的物品供应资料应牢记在计划人员的头脑中，以便下达订单计划时参照。

（2）计算总体订单容量

在采购环境中，供应商的总体订单容量是要关注的，订单容量的含义包括两个方面：一个是可供给的数量，另一个是可供给的到货时间。

甲供应商在1月15日之前可供应4万各开关（A型1万个，B型2万个，C型1万个），乙供应商在1月15日之前可供应5万个开关（A型1.5万个，B型1.5万个，C型2万个），那么在1月15日之前ABC三种开关的总体订单容量为9万个，其中A型2.5万个，B型3.5万个，C型3万个。

（3）计算承接订单量

商品供应商在指定时间内的已经签下的订单量，称之为承接订单量。有时供应商各种物料容量之间进行借用，并且在存在多个供应商的情况下，其计算比较复杂。

仍以上一个例子来说明，若甲供应商在1月15日之前承接A型8000个，B型1.5万个，C型9000个，乙供应商在1月15日之前承接A型1.3万个，B型1.2万个，C型2万个，那么在1月15日之前ABC三种开关的总体承接订单量为7.7万个，其中A型2.1万个，B型2.7万个，C型2.9万个。

（4）确定剩余订单容量

某商品所有供应商群体的剩余订单容量的总和，称之为该物料的剩余订单容量。

$$物料剩余订单容量=物料供应商群体总体订单容量-已承接订单量。$$

如上例：开关剩余订单容量=9-7.7=1.3万个。

#### 2.2.2.4 制订订单计划

（1）对比需求与容量

需求小于容量情况下，依据需求制订订单计划；供应商容量小于需求量情况下，要求物料平衡环节，对于剩余物料需求需要制订认证计划。

（2）综合平衡

综合考虑市场、销售、订单容量等要素，分析物料订单需求的可行性，必要时调整订单计划，计算容量不能满足的剩余订单需求。

（3）确定余量认证计划

对于剩余需求，要提交认证计划制订者处理，并确认能否按照需求规定的时间及数量交货，为了保证货源及时供应，此时可简化认证程序，由具有丰富经验的认证计划人员操作。

（4）制定订单计划

订单计划做好后就可以按照计划进行采购了。采购订单计划里，有两个关键指标：下单数量和下单时间。

$$下单数量=生产需求量-计划入库量-现有库存量+安全库存量$$
$$下单时间=要求到货时间-认证周期-订单周期-缓冲时间$$

制订订单计划是开展采购工作的基础，是采购工作得以及时、有序进行的有利保证，因此企业应当充分重视。

## 2.3 采购需求分析

要进行采购，首先要分析弄清采购管理机构所代理的全体需求者们究竟需要什么、需要多少、什么时候需要的问题，从而明确应当采购什么、采购多少、什么时候采购以及怎样采购的问题，得到一份确实可靠、科学合理的采购任务清单。这个环节的工作，就叫做采购需求分析。

采购需求分析是采购工作的第一步，是制订采购计划的基础和前提。

① 在极简单的情况下，需求分析是很简单的。例如，在单次、单一品种需求的情况下，需要什么、需要多少、什么时候需要的问题非常明确，不需要进行复杂的需求分析就已经清楚了。

② 在较复杂的采购情况下，需求分析就变得十分必要了。例如，一个汽车制造企业，有上万个零部件，有很多的车间、很多的工序，每个车间、每个工序生产这些零部件，都需要不同品种、不同数量的原材料、工具、设备、用品，在不同时间需求不同的品种。这么多的零部件，什么时候需要什么材料、需要多少，哪些品种要单独采购，哪些品种要联合采购，哪些品种先采购、哪些品种后采购、采购多少，这些问题不进行认真的分析研究，就不可能进行科学的采购工作。

科学的采购就是在正确的时间，采购正确数量的正确的品种。为了达到这个目的，需要用合理的和科学的需求分析方法才行。

进行采购需求分析有多种方法。如：运用采购需求表、统计分析法、推导分析法、ABC分析法等。

## 2.3.1 运用采购需求表

要进行采购，首先需要解决采购什么、采购多少、什么时候采购的问题。而要解决这个问题，就是要解决采购员所代理的全体需求者们究竟需求什么、需求多少、什么时候需要的问题。

解决这个问题，在企业中传统的做法是让企业各个单位层层上报"采购需求表"。有的是定期报，如本周报下周的计划、这个月报下个月的计划、今年报明年的计划。有的是不定期报，什么时候想起来需要买什么东西，就填一张采购需求表，如表2-3所示，把它交到采购部。

表2-3 采购需求表

编号：　　　　　　　　　　　　　　　　　　　　　　　　　　　年　月　日

| 类别 | 编号 | 名称及规格 | 单位 | 数量 | 需用日期 | | | 需求原因及用途 | 备注 |
|---|---|---|---|---|---|---|---|---|---|
| | | | | | 年 | 月 | 日 | | |
| | | | | | | | | | |
| | | | | | | | | | |
| | | | | | | | | | |

注：1.请购单一式二联，第一联请购部；第二联归审批部。
2.如货品不符合要求，本公司有权拒绝收货。

需求部门：　　　　　　　　　　　　　　　　　　　　审批负责人签字：

日期：　　年　月　日　　　　　　　　　　　　　　　日期：　　年　月　日

采购部收齐了这些采购需求表以后，把所有需要采购的物资分类整理，统计出来，这样就弄清了需求什么、需要多少、什么时候需要的问题。

这样的操作过程虽然可以达到解决问题的目的，但存在以下几个弊病。

（1）这种方式兴师动众，往往要麻烦很多人，造成了人力资源的浪费。

（2）只要有一个部门的采购需求表没收齐，采购部就不能进行需求的整理统计，不能得出统一的需求计划，往往贻误最佳采购时机。

（3）交上来的表往往不准确、不可靠，影响采购的效果。

## 2.3.2 统计分析

在采购需求分析中用得最多、最普遍的方法就是统计分析。统计分析的任务是根据一些原始材料来分析求出客户的需求规律。在实践中，统计分析通常有以下两种方法。

（1）对采购申请单汇总统计。现在一般的企业采购都是这种模式：要求下面各单位每月提交一份采购申请表，提出每个单位自己下个月的采购品种数量。然后采购科把这些表汇总，得出下个月总的采购任务表，再根据此表制定下个月的采购计划。

（2）对各个单位的销售日报表进行统计。对流通企业来说，每天的销售就是用户对企业物资的需求，需求速率的大小反映了企业物资的消耗快慢。因此，从每天的销售日报表中就可以统计得到企业物资的消耗规律。消耗的物资需要补充，也就需要采购。因此，物资消耗规律也就是物资采购需求的规律。

## 2.3.3 采用ABC分析法

一个企业除了生产所需要的原材料外，还有办公用品、生活用品等，因此需要采购的物资品种是很多的。但是，这些物资的重要程度都是不一样的。有的特别重要，不能缺货，一旦缺货将造成不可估量的损失；有些物资则相对不那么重要，即便缺货，也不会造成太大的损失。

面对这样的情况，采购人员在进行采购管理时该怎么处理呢？这时候最有效的方法，就是采用ABC分析法，将所面对的成千上万的物资品种进行ABC分类，并且按类别实行重点管理，用有限的人力、物力、财力去为企业获得最大的效益。

ABC分析法在实际运用过程中，通常可以参照以下步骤进行。

（1）为确定ABC分类，首先要选定一个合适的统计期。在选定统计期时，应遵循几个基本原则：比较靠近计划期；运行比较正常；通常情况取过去一个月或几个月的数据。

（2）分别统计所有物资在该统计期中的销售量（或采购量，下同）、单价和销售额，并对各种物资制作一张ABC分析卡（见表2-4），填上名称、销售数量、销售金额。

表2-4　ABC分析卡

| 编号： | | 名称： | | 规格： | | 顺序号： | |
|---|---|---|---|---|---|---|---|
| 单价（元） | 数量 | 单位 | 金额（元） | 在库天数 | 周转次数 | 货损率（%） | |
| | | | | | | | |
| | | | | | | | |
| | | | | | | | |
| | | | | | | | |
| | | | | | | | |
| | | | | | | | |
| | | | | | | | |

（3）将ABC分析卡按销售额由大到小的顺序排列，并按此顺序号将各物资填上物料编号。

（4）把所有ABC分析卡依次填写到ABC分析表中（见表2-5），并进行累计统计。

表2-5　ABC分析表

| 编号 | 名称 | 品种数 | 品种数累计/% | 单价/元 | 平均库存量 | 平均资金占用额/元 | 平均资金占用额累计/% | 分类结果 |
|---|---|---|---|---|---|---|---|---|
| | | | | | | | | |
| | | | | | | | | |
| | | | | | | | | |
| | | | | | | | | |
| | | | | | | | | |
| | | | | | | | | |
| | | | | | | | | |

## 2.3.4　物资消耗定额管理

物资消耗定额管理也是一种需求分析的好方法。通过物资消耗定额，就可以根据产品的结构零部件清单或工作量求出所需要的原材料的品种和数量。

所谓物资消耗定额，是在一定的生产技术组织的条件下，生产单位产品或完成单位工作量所必须消耗的物资的标准量，通常用绝对数表示，如制造一台机床或一个零件消耗多少钢材、生铁；有的也可用相对数表示，如在冶金、化工等企业里，用配料比、成品率、生产率等表示。

在实际操作中，物资消耗定额管理通常有以下三种方法。

#### 2.3.4.1 技术分析法

技术分析法具有科学、精确等特点，但在操作过程中，通常需要经过精确计算，工作量比较大。在应用中，通常可参照以下步骤。

（1）根据产品装配图分析产品的所有零部件。

（2）根据每个零部件的加工工艺流程得出每个零部件的加工工艺。

（3）对于每个零件，考虑从下料切削开始一直到后面各道加工的切削完成形成零件净尺寸 $D$ 为止，所有切削的尺寸留量 $d$。

（4）每个零件的净尺寸 $D$ 加上各道切削尺寸留量 $d$ 之和，就是这个零件的物料消耗定额 $T$：

$$T=D+\sum d_i (i=1,2,3,4)$$

其中，切削留存量包括以下几项。

$d_1$：加工尺寸留量。选择材料直径、长度时，总是要比零部件的净直径、净长度要大，超过的部分就是加工切削的尺寸留存。

$d_2$：下料切削留量。下料时，每个零部件的毛坯都是从一整段原材料上切断而得到的。切断每段毛坯都要损耗一个切口宽度的材料，这就是下料切削留量。

$d_3$：夹头损耗。一整段材料可能要切成多个零部件毛坯。在切削成多个毛坯时，总是需要用机床夹具夹住一头。如果最后一个毛坯不能掉头切削的话，则这个材料的夹头部分就不能再利用而成为一种损耗，这就是夹头损耗。

$d_4$：残料损耗。在将一整段材料切削成多个毛坯时，也可能出现 $n$ 个工艺尺寸不能刚好平分一整段材料而剩余小部分不能够利用，这就是残料损耗。

**实例**

一个锤子，由铁榔头和一个檀木木柄装配而成，檀木木柄净尺寸为 $\Phi 30 \times 250$mm，由435mm长的圆木加工而成，平均每个木柄下料切削损耗5mm，长度方向切削损耗5mm，外圆切削损耗2.5mm，夹头损耗30mm，平均残料损耗10mm。铁榔头由 $\Phi 50$ 的A4钢材切成坯料经锻压加工而成。加工好的铁榔头净重1000g，锻压加工损耗200g，柄孔成型加工损耗200g，下料损耗200g，夹头损耗为0，残料损耗为0。求这种锤子的物资消耗定额。如果下月需要加工1000个锤子，问需要采购多少物料。

计算资料和结果如表2-6所示。

表2-6　物资消耗定额计算

| 产品名称 | | | 锤子 | | | | | | 下月生产计划（1000） |
|---|---|---|---|---|---|---|---|---|---|
| 材料名称 | 规格 | 计算单位 | 净尺寸净重 | 下料损耗 | 加工切削损耗 | 夹头损耗 | 残料损耗 | 物资消耗定额 | 采购需求量 |
| 檀木原木 | Φ30 | m | 0.25 | 0.005 | 0.005 | 0.03 | 0.01 | 0.3 | 300 |
| 圆钢A4 | Φ50 | kg | 1 | 0.2 | 0.2+0.2 | 0 | 0 | 1.6 | 1600 |

求出锤子的物资消耗定额为：Φ35檀木0.3m，A4Φ50圆钢1.6kg。月产1000个锤子，采购需求量为：Φ35檀木300m，A4Φ50圆钢1600kg。

#### 2.3.4.2 统计分析法

统计分析法是根据以往生产中物资消耗的统计资料，经过分析研究并考虑计划期内生产技术组织条件的变化等因素而制定定额的方法，采用统计分析法以大量详细可靠的统计资料为基础。例如，某企业要制定某种产品的物料消耗定额，采购人员可以根据过去一段时间仓库的领料记录和同期产品的产出记录进行统计分析，就可以求出平均每个产品的材料消耗量。这个平均消耗量就可以看成该产品的物料消耗定额。

#### 2.3.4.3 经验估计法

经验估计法是根据技术人员、工人的实际生产经验，参考有关的技术文件和考虑企业在计划期内生产条件的变化等因素制定定额的方法。这种方法简单易行，但缺乏较为严密的科学性，因而通常精确度不高。

### 2.3.5 推导分析

所谓推导分析，就是根据企业主生产计划来进行需求分析，求出各种原材料、零部件的需求计划的过程。推导分析不能够凭空想象，也不能靠估计，一定要进行严格的推算。

推算所依据的主要资料和步骤如下所述。

（1）制订主产品生产计划。所谓主产品就是企业提供给消费者的最终产品。主产品生产计划主要是根据社会对主产品的订货计划及社会维修业所提出的零部件的订货计划共同生成的。主产品生产计划表明每种物资需要的数量和时间。

（2）制定产品的结构文件。这是指推导分析出装配主产品需要哪些零件、部件、原材料，哪些要自制，哪些要外购，自制件在制造过程中又要采购什么零件、部件、原材料等。这样逐层分析得出主产品的结构层次。每个层次的每个零部件都要标出需要数量、自制或外购，以及生产提前期或采购提前期。所有自制件都要分解到最后的原材料层次，这些原材料层一般是最底层，一般都是需要采购的。

由这个主产品结构文件可以统计得出这样一个完整的资料：为了在某个时间生产出一个主产品需要分别提前多长时间采购一些什么样的部件、零件和原材料，需要采购多少。把这些资料形成一个表，就是主产品零部件生产采购一览表。

（3）制定库存文件。采购人员到仓库保管员处调查了解主产品零部件生产采购一览表中所有各个部件、零件、原材料的现有库存量及消耗速率。经过整理得到一个库存文件，即主产品零部件库存一览表。

根据以上3项原始资料，求出各项物料、各个时间段内的净需求量和计划交付量。

某企业的主产品A由2个B和1个C组成，而一个B由1个D和2个E组成，1个D由2.5kg F加工得到，而C、E、F都通过外购获得。主产品A的结构文件如图2-3所示。

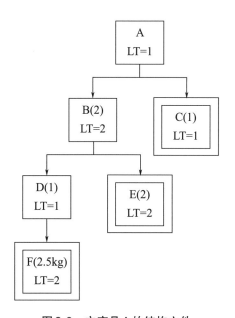

图2-3　主产品A的结构文件

图2-3中，A、B、C、D、E、F为产品名，括号内的数字表示一个上级产品中所包含的本产品的件数，LT表示提前期，单位为天。双线框表示外购件，单线框表示自制件。

根据主产品结构文件，可以得到主产品零部件数量一览表，如表2-7所示。

表2-7　主产品A零部件一览表

| 零部件名 | 数量（个） | 自制 | 外购 | 提前期（天） |
|---|---|---|---|---|
| B | 2 | √ |  | 2 |
| C | 1 |  | √ | 1 |
| D | 2 | √ |  | 1 |
| E | 4 |  | √ | 2 |
| F | 5kg |  | √ | 2 |

主产品需求计划和零部件外订计划如表2-8所示。

表2-8　主产品需求计划和零部件外订一览表

| 时期（周） | 第1周 | 第2周 | 第3周 | 第4周 | 月合计 |
|---|---|---|---|---|---|
| A出产（件/周） | 25 | 15 | 20 | 15 | 75 |
| C外订（件/周） | 15 |  | 15 |  | 30 |
| E外订（件/周） |  | 20 |  | 20 | 40 |

根据表2-7、表2-8，可以求出所有需要采购的零部件的数量，如表2-9所示，这就是下个月需要采购的零部件任务单。

表2-9　采购零部件一览表

| 零部件名 | 下月需要数量 |
|---|---|
| C | 75×1+30=105（个） |
| E | 75×4+40=340（个） |
| F | 5kg×75=375（kg） |

## 2.4　采购预算

采购预算是指采购部门在一定计划期间（年度、季度或月度）编制的材料采购的用款计划。采购预算应以付款的金额来编制。

### 2.4.1　采购预算的目的

采购部门可以凭采购预算进行采购和控制采购用款支出，并使财务部门据此筹措和安排所需资金，协调采购与财务部门之间的关系。国内外采购，有的以延期付款的方式进行，例如采用承兑交单、远期信用证及远期本票或支票。这些延期付款方式不但到期日相当确定，而且金额很大（例如D/A和P/N在到期日必须支付100%的货款，远期信用证支付90%的货款），因此，若采购预算（即付款计划）分为到期与新购两部分，由于到期部分可以相当准确地估算，因而采购预算有助于资金需求计划的正确性。

## 2.4.2 采购预算的类别

采购部门中主要有4个领域受到预算控制：原料/库存；维护、修理和操作（MRO）供应；资本预算；采购运作预算。

（1）原料/库存

原材料预算的主要目的是：确定用于生产既定数量的成品或者提供既定水平的服务的原材料的数量和成本。原料预算的时间通常是一年或更短。预算的金额是基于生产或销售的预期水平以及来年原材料的估计价格来确定的。这就意味着实际有可能偏离预算，这使得在很多企业中详细的年度原材料预算不是很切合实际。因此，很多企业采用灵活的预算来调整实际的生产和实际的价格。

（2）MRO供应

MRO（MRO是英文Maintenance，Repair & Operations的缩写。即：Maintenance 维护、Repair 维修、Operation 运行）。通常是指在实际的生产过程不直接构成产品，只用于维护、维修、运行设备的物料和服务。MRO是指非生产原料性质的工业用品。供应包含在运作过程中，但它们并没有成为生产运作中的一部分。MRO项目的例子有：办公用品、润滑油、机器修理和门卫。MRO项目的数目可能很大，对每一项都做出预算并不可行。MRO预算通常由以往的比例来确定，然后根据库存和一般价格水平的预算变化来调整。

（3）资本预算

固定资产的采购通常是支出较大的部分。好的采购活动和谈判能为组织节省很多钱。通过研究可能的来源以及与关键供应商建立密切的关系，可以建立既能对需求做出积极响应又能刚好满足所需花费的预算。固定资产采购的评估不仅要根据初始成本，还要根据包括维护、能源消耗以及备用部件成本等的生命周期总成本。由于这些支出的长期性质，通常用净现值算法进行预算和做出决策。

（4）采购运作预算

采购职能的运作预算包括采购职能业务中发生的所有花费。通常，这项预算是根据预期的业务和行政的工作量来制定的。这些花费包括工资、空间成本、供热费、电费、电话费、邮政费、办公设施、办公用品、技术花费、差旅与娱乐花费、教育花费以及商业出版物的费用。职能的运作预算应该反映组织的目标和目的。例如,如果组织的目的是减少间接费用,那么运作预算中的间接费用预算就应该反映这一点。高级采购研究中心(CAPS)提供的来自各产业的业务费用比例,可能会成为有用的标杆信息。

### 2.4.3 材料采购预算的编制

列入采购预算的各种材料的采购数量和金额,以企业进行生产和经营维修所需的原材料、零部件、备件等的采购数量和金额为主。物料采购预算表如表2-10所示,材料采购预算通常根据以下依据编制。

(1)计划期间生产和经营维修所需材料的计划需用量

由生产计划管理部门在销售计划的基础上根据所编制的生产计划,以及前期材料消耗资料和材料清单计算确定。

(2)预计本期期末库存量

预计本期期末库存量,加上由编制预算之日起至本期期末止这一期间的预计收入量,再减去同期预计发出量来确定。预计本期期末库存量即为计划期期初库存量。

(3)计划期期末结转库存量

由仓管和采购部门根据各种材料的安全储备量和提前订购期共同确定。

(4)材料计划价格

由采购部门根据材料当前的市场价格,以及其他各种影响因素(如国际政治经济因素、主要供应商的劳资关系和劳动力市场资源情况)来确定。

表2-10 物料采购预算表

| 序号 | 物料类别 | 1月 | | | 2月 | | | 3月 | | | …… | 12月 | | |
|---|---|---|---|---|---|---|---|---|---|---|---|---|---|---|
| | | 新购 | 预付 | 到期 | 新购 | 预付 | 到期 | 新购 | 预付 | 到期 | …… | 新购 | 预付 | 到期 |
| | | | | | | | | | | | | | | |
| | | | | | | | | | | | | | | |
| | | | | | | | | | | | | | | |
| | | | | | | | | | | | | | | |
| | | | | | | | | | | | | | | |
| | | | | | | | | | | | | | | |

确认:　　　　　审核:　　　　　填表:

# 第3章 供应商的开发与管理

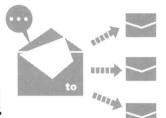

> **引言**　供应商的开发与管理是整个采购体系的核心，其表现也关系到整个采购部门的业绩。一般来说，供应商的开发与管理包括：供应市场竞争分析，寻找合格供应商，潜在供应商的评估、询价和报价，合同条款的谈判，最终供应商的选择、激励、管理。

## 3.1 供应商开发

### 3.1.1 供应商开发的基本准则

供应商开发的基本准则是"Q.C.D.S"原则，也就是质量（Quality）、成本（Cost）、交付（Delivery）与服务（Service）并重的原则。

质量因素是最重要的，首先要确认供应商是否建立有一套稳定有效的质量保证体系，然后确认供应商是否具有生产所需特定产品的设备和工艺能力。

其次是成本与价格，要运用价值工程的方法对所涉及的产品进行成本分析，并通过双赢的价格谈判实现成本节约。

在交付方面，要确定供应商是否拥有足够的生产能力、人力资源是否充足、有没有扩大产能的潜力。

最后一点也是非常重要的，就是供应商的售前、售后服务的纪录。

### 3.1.2 供应商开发流程

一般而言，在实际工作中，供应商开发需经历如图3-1所示流程。

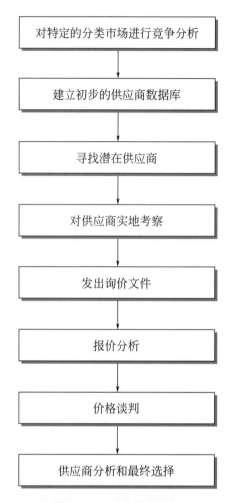

图3-1 供应商开发流程

### 3.1.2.1 对特定的分类市场进行竞争分析

在供应商开发的流程中,首先要对特定的分类市场进行竞争分析,要了解谁是市场的领导者?目前市场的发展趋势是怎样的?各大供应商在市场中的定位是怎样的?从而对潜在供应商有一个大概的了解。

比如在电阻市场,如果你现在需要0805的电阻,就不必去找日本大厂,因为他们已经停产了。同时你也可以给你的设计部门同事提一个建议,尽量使用市场主流的元器件以降低成本。因为电阻市场是一个差异化较少的市场,如果供应商多,就容易运输容易替代。而在注塑市场中,就比较复杂。首先,产品差异很大:有的公司专长于精密注塑,有的则主攻大型工件。而且由于注塑件运输成本很高,本地化是必不可少的。因此你要评估在本地市场上注塑产品的供应能力是供过于求还是供不应求、主要供应商及其竞争对手的特点等,才能做到有备而来。

对于竞争分析，可用表单的形式清晰地表述出来，如表3-1所示。

表 3-1

## ××市场竞争分析

市场的领导者：

主要的供应商情况

| 供应商名称 | 在市场中的定位 | 产品供应能力 | 特点 |
|---|---|---|---|
|  |  |  |  |
|  |  |  |  |
|  |  |  |  |
|  |  |  |  |
|  |  |  |  |
|  |  |  |  |

目前××市场的发展趋势：

其他事项：

### 3.1.2.2 建立初步的供应商数据库

在这些分析的基础上，就可以建立初步的供应商数据库并做出相应的产品分类。比如某企业把自己的原材料分为电子元器件、五金部件、包装材料、辅助材料等几类。电子元器件中进一步分为电路板、电阻、电容、电感、二三极管等；五金部件细分为螺丝、弹簧、弹簧片、装配板等；包装材料分为胶袋、料盒、包装带等；辅助材料包括化学品、标签、胶带等杂物（见表3-2）。

表3-2 供应商数据库

| 产品大类 | 产品细类 | 主要供应商名称 | 主要供应商的特点 |
|---|---|---|---|
| 电子元器件 | 电路板 | | |
| | 电阻 | | |
| | 电容 | | |
| | 电感 | | |
| | 二三极管 | | |
| | …… | | |
| 五金部件 | 螺丝 | | |
| | 弹簧 | | |
| | 弹簧片 | | |
| | 装配板 | | |
| | …… | | |
| 包装材料 | 胶袋 | | |
| | 彩盒 | | |
| | 包装带 | | |
| | …… | | |
| 辅助材料 | 天那水 | | |
| | 标签 | | |
| | 胶带 | | |
| | …… | | |
| …… | | | |

### 3.1.2.3 寻找潜在供应商

接下来就是寻找潜在供应商了。经过对市场的仔细分析，你可以通过各种公开信息和公开的渠道得到供应商的联系方式。而这些渠道包括现有资料、供应商的主动问询和介绍、专业媒体广告、互联网搜索等方式，如图3-2所示。

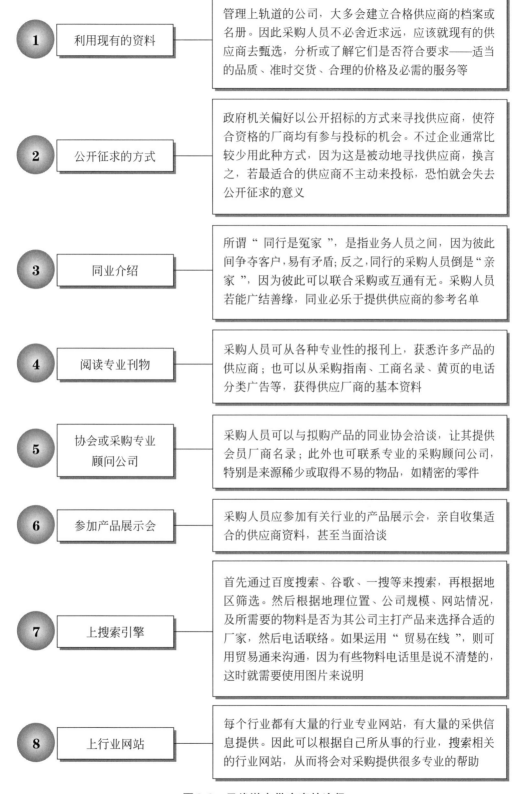

图3-2 寻找潜在供应商的途径

在这个步骤，最重要的是对供应商做出初步的筛选。建议使用统一标准的供应商情况登记表来管理供应商提供的信息。而这些信息应包括：供应商的注册地、注册资金、主要股东结构、生产场地、设备、人员、主要产品、主要客户、生产能力等。因为通过分析这些信息，可以评估其工艺能力、供应的稳定性、资源的可靠性及其综合竞争能力。而在这些供应商中，剔除明显不适合进一步合作的供应商后，就能得出一个供应商考察名录。

以下就这些表格提供相应的范本供参考：

【范本1】 **供应商基本资料表**

**供应商基本资料表**

| 厂商编号： | | | | | 年 月 日 | | | |
|---|---|---|---|---|---|---|---|---|
| 名称 | | | 地址 | | | | 法人 | |
| | | | | | | | | |
| 联系人 | | | 电话 | | | | | |
| 传真 | | | E-mail | | | | 网址 | |
| 公司概况 | 资本额 | 万元 | 机器设备 | 名称 | 台数 | 厂牌规格 | 购入时间 | 购入成本 | 性能 |
| | 建厂登记日期 | 年月日 | | | | | | | |
| | 营业执照 | | | | | | | | |
| | 往来银行 | | | | | | | | |
| | 开始往来时间 | | | | | | | | |
| | 停止往来时间 | | | | | | | | |
| | 所属协会团体 | | | | | | | | |
| | 协力工厂数 | | | | | | | | |
| | 协力工厂利用率 | | | | | | | | |
| | 平均月营业额 | | | | | | | | |
| 材料来源 | 材料名称 | 供应厂商 | 备注 | 员工 | 职能 | 人数 | 干部数 | 员工数 | 大学 | 高中以上 | 平均月薪 |
| | | | | | | | | | | | |
| 主要产品 | 名称 | 比例 | 名称 | 比例 | 主要客户 | 名称 | 比例 | 名称 | 比例 | 名称 | 比例 |
| | | | | | | | | | | | |

确认： 　　　　审核： 　　　　填表：

【范本2】 供应商问卷调查表

### 供应商问卷调查表

供应商名称： 　　　　　　　　　　　　　年　　月　　日

| 项目 | 调查项目内容 | 了解程度状况 |
|---|---|---|
| 材料零件确认 | 1.您对开发部门样品确认流程是否了解？ | □了解　　□不了解<br>□请求当面沟通了解 |
| | 2.您对本公司开发部门认定之材料交货依据的规格及样品是否了解？ | □了解　　□不了解<br>□请求当面沟通了解 |
| | 3.您对开发部门认可之样品是否有保留，以作后续品质管理之用？ | □有保留　　□未保留<br>□请求当面沟通了解 |
| 品质验收管制 | 1.您对本公司品管部质检验标准与方法是否了解？ | □了解　　□不了解<br>□请求当面沟通了解 |
| | 2. | |
| | 3. | |
| 采购合同 | 1.贵公司目前产量足以应付本公司需求吗？ | □可以　　□不可以<br>□需设法弥补 |
| | 2. | |
| | 3. | |
| 请款流程 | 1.您对本公司的付款条件、手续是否了解？ | □了解　　□不了解<br>□请求当面沟通了解 |
| | 2. | |
| | 3. | |
| 售后服务 | 1.您对品质有疑问时，会主动找哪一部门或主管？ | □品管　　□开发<br>□采购　　□总经理 |
| | 2. | |
| | 3. | |
| 建议事项 | 您对本公司的建议事项 | |

注：本表由供应商填写。

【范本3】 拟考察供应商名录

拟考察供应商名录

| 供应商名称 | 地址 | 电话 | 适用产品 | 供应商特点 |
|---|---|---|---|---|
|  |  |  |  |  |
|  |  |  |  |  |
|  |  |  |  |  |
|  |  |  |  |  |
|  |  |  |  |  |
|  |  |  |  |  |
|  |  |  |  |  |
|  |  |  |  |  |
|  |  |  |  |  |
|  |  |  |  |  |
|  |  |  |  |  |

### 3.1.2.4  对供应商实地考察

这一步骤至关重要。必要时在审核团队方面，可以邀请质量部门和工艺工程师一起参与，他们不仅有专业的知识与经验，而且共同审核的经历也有助于公司内部的沟通和协调。

实地考察供应商，应着重从如图3-3所示八个方面着手。

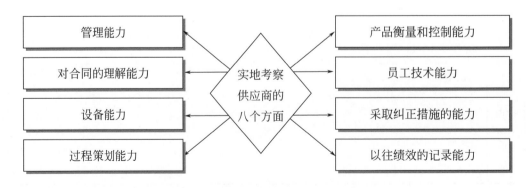

图3-3  实地考察供应商的八个方面

（1）管理能力的考察

管理能力的考察主要通过如表3-3所示问题和方式来进行。

表3-3　管理能力的考察

| 序号 | 问题 | 考察方式和判断标准 |
| --- | --- | --- |
| 1 | （1）供应商的管理者如何<br>（2）工作是否有效<br>（3）对企业的合同是否感兴趣 | 要了解一个供应商可以通过给他们寄询问表，征求他们的意见；同时，限他们在一个规定的时间段内回复。那些对你们的提议感兴趣的供应商就会在短期内给你们答复函，同时还会有高级经理的亲笔签名；而那些对你们不感兴趣的公司会拖得很晚才给你们一个答复，而且随便签上一个助手的名字便打发了事 |
| 2 | （1）公司的组织结构如何<br>（2）是否存在一个质量管理实体<br>（3）质量经理对谁负责、向谁汇报工作？<br>注意：质量经理以前是不是生产部经理<br>（4）质量人员会像保护他们自己的公司那样维护你的利益吗 | 如果能到他们公司参观一下，那一定要留意管理者的办公环境。如果文件都在桌子上和椅子上堆得老高，如果办公室总是不断地有喧闹和混乱的场面，可以肯定，你的合同也会遭受到相同的命运 |
| 3 | （1）管理者的经验如何呢<br>（2）他们在签错文件的时候是不是很慌乱？或者他们能够直截了当地面对问题并很好地解决它们吗 | 可以花上一段时间和他们相处就能直接做出判断 |
| 4 | （1）他们的态度如何<br>（2）他们是否相信犯错误是不可避免的<br>（3）他们能向你证明没有一家店可以保持一尘不染吗？<br>（4）他们是否证明自己的大脑里有"缺陷预防"的理念？他们是否赞同零缺陷的工作哲学 | 如果管理人员是积极的，认为履行合同应以一定数量的花费为限，应照原定进度进行；同时仍然能够生产出符合要求的产品。那么这家供应商是可以考虑的 |
| 5 | 他们对于"研究和开发"的态度是怎样的 | 大多数的人都把它理解为"看上去只不过是一堆印刷品"，如果他们也这样认为，就危险了 |

（2）对合同的理解能力

只有一种方法能保证合同的双方都能对合同有恰当的理解：双方同时坐下来逐字逐句地研究。并且对每一项规格要求、每一类装运要求、每一种单据要求都应该进行讨论。这样才能达成双方真正意义上的意见一致。

（3）设备能力

对设备能力的考察要关注如图3-4所示以下问题。

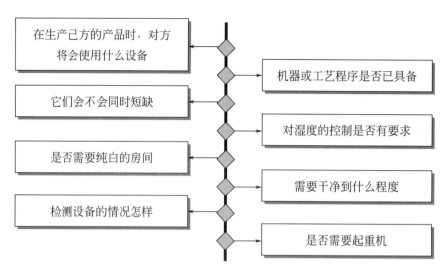

图 3-4　设备能力的考察关注点

（4）过程策划能力

许多企业都已经制定并验证了文件化的过程，核心的问题是必须掌握过程策划能力。

过程策划应该包含一些小的事件，应该具有能够解决许多小问题的秘诀。这些小问题虽然个别看来似乎无足轻重，但合在一起却往往决定计划的精确度。确认其过程能力应主要关注如图 3-5 所示内容。

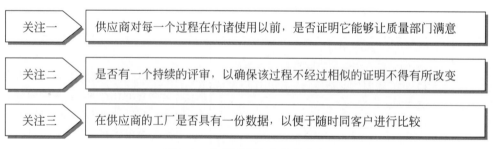

图 3-5　考察过程能力的关注点

（5）产品衡量和控制能力

考察产品衡量和控制能力一定要关注如图 3-6 所示问题。

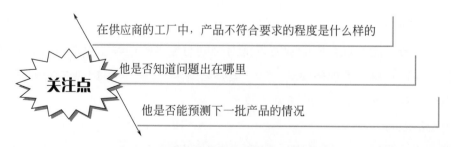

图 3-6　考察产品衡量和控制能力的关注点

错误的代价是金钱。返工和报废最终将由采购方承担,所以唯一的答案即在于"缺陷预防"。即使有时候不能预防一个缺陷的首次出现,但仍可以确切地预防它的再次发生。

所以,必须检查供应商是否有一个记录检验和测试机构用来发现不符合项。而这些表格应便于每天检查,并应根据组织进行分类。

(6)员工技术能力

技术工人,就是能通过某种方式证明自己具有干某项工作能力的人。确定你的供应商是否有技术工人的最好的方法如图3-7所示。

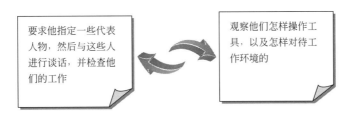

图3-7　考察员工技术能力的方法

(7)采取纠正措施的能力

考察供应商采取纠正措施的能力的方法是:直接面对你的供应商,询问他们发现一些事情做错时如何处理的方法、他们如何能使这类事件不再发生、他们是否真正在意这类事件。

(8)以往绩效的记录能力

你以前和他们做过生意吗?他们的经营状况如何?造成不良绩效的原因是什么?再回过头去,检查曾经引发问题的地方,看是否已经采取了改正措施。

如果你按这几个内容对一些备选供应商进行评估,你将很快在头脑中形成对他们的能力的评价。

> **提醒您:**
>
> 考察供应商需要投入人力,因此,就要增加产品成本。下列一些情况,可不必对供应商进行考察,直接录取即可。
>
> (1)凡质量管理体系通过第三方认证的供应商,不必对其质量保证体系进行考察。
>
> (2)凡经过国内、国际认证合格的产品,不必考察。
>
> (3)被同行业其他大户列入"合格供应商名单"中的供应商,可不考察。

在实地考察中，应该使用统一的评分卡进行评估，如以下两个范本所示。

## 【范本4】 供应商评分卡

供应商评分卡
年　　月　　日

| 供应商编号 | | | | 供应商名称 | | | |
|---|---|---|---|---|---|---|---|
| 调查时间 | | | | 第几次调查 | | | |

| 调查评核项目 | | 得分 | 评分说明 | 调查评核者 | 备　注 |
|---|---|---|---|---|---|
| 价格评核 | 1. 原料价格 | | | | |
| | 2. 加工费用 | | | | |
| | 3. 估价方法 | | | | |
| | 4. 付款方式 | | | | |
| 技术评核 | 1. 技术水准 | | | | |
| | 2. 资料管理 | | | | |
| | 3. 设备状况 | | | | |
| | 4. 工艺流程 | | | | |
| | 5. 作业标准 | | | | |
| 品质评核 | 1. 品管组织体系 | | | | |
| | 2. 品质规范标准 | | | | |
| | 3. 检验方法记录 | | | | |
| | 4. 纠正预防措施 | | | | |
| 生管主核 | 1. 生产计划体系 | | | | |
| | 2. 交期控制能力 | | | | |
| | 3. 进度控制能力 | | | | |
| | 4. 异常排除能力 | | | | |
| 合　　计 | | | | | |

【范本5】 供应商考察表

供应商考察表

日期：_____

调查员编号：_____

1.厂商名称：_____   电话（传真）：_____

　E-mail：_____   厂址：_____

2.负责人：_____   总经理：_____   副总经理：_____

3.联络人：_____   职称：_____

4.厂商规模：_____

（1）员工：_____人

（2）资本额：_____

（3）厂房面积：_____平方米

（4）总动力：_____

（5）已设立：_____年

5.组织编制：

（1）技术部门：□有，□无，工程师_____人，技术员_____人，绘图员_____人。

（2）生产部门：直接人员_____人，管理人员_____人，间接人员_____人。

（3）品管部门：□有，□无；技术人员____人，检验员____人，部门名称____人。

（4）主管部门：□有，□无；员工_____人。

6.财务状况：_____

（1）往来银行，_____，_____

（2）营业额，去年_____，今年_____，明年（预估）_____

（3）主要客户：_____

7.生产能力与承制本公司产品能力：

（1）有无生产设备：□有，□无；是否足以生产：□是，□否。

（2）模具可否自行设计：□可，□否。

（3）模具可否自行制作：□可，□否。

① 制作能力如何：□足够自用，□尚可代他厂加工，□不足自用。

② 精确性：□良，□可，□不佳。

（4）模具设计或制造商：

设计厂：

制造厂：

8.主要产品制造过程及设备：

9.厂房平面图：

在考察中要及时与团队成员沟通，在结束会议时，总结供应商的优点和不足之处，并听取供应商的解释。如果供应商有改进意向，可要求供应商提供改进措施报告，并对其进行进一步评估。

### 3.1.2.5 发出询价文件

在供应商审核完成后，对合格供应商发出书面询价单。在询价的过程中，为使供应商不发生报价上的错误，通常应对其检附辅助性的文件，例如工程发包的规范书、物料分期运送的数量明细表；有时候买方对于形状特殊且无标准规格的零件或物品，也可提供样品给供应商做参考。

询价单发出后，应要求供应商在指定的日期内完成报价。

【范本6】 询价单

**询价单**

编号：

| 请购单编号 | 材料编号 | 规格说明 | 单位 | 数量 | 附注 |
|---|---|---|---|---|---|
|  |  |  |  |  |  |
|  |  |  |  |  |  |
|  |  |  |  |  |  |
|  |  |  |  |  |  |
|  |  |  |  |  |  |

（一）报价须知
（1）交货期限：□① 需于　年　月　日以前交清
　　　　　　　□② 订购后　天内交清
（2）交货地点：_____
（3）付款办法：□交货验收合格后付款　□试车检验合格后付款
（4）订购方法：□① 分项订购　□② 总金额为准
（二）报价期限
上开报价单请于　年　月　日以前惠予报价以便洽购为荷。
注：报价有效期间务请保留至上列日期算起十天以上。

×××公司资材部　采购课
地址：
电话：　　　年　月　日

## 【范本7】 物料采购询价单

**物料采购询价单**

询价单号：　　　　　　　　　　　报价截止日期：
供应商名称：　　　　　　　　　　报价人：
联系电话：

| 序号 | 物料编码 | 物料描述 | 交货日期 | 数量 | 订单单位 | 备注 |
|---|---|---|---|---|---|---|
|  |  |  |  |  |  |  |
|  |  |  |  |  |  |  |
|  |  |  |  |  |  |  |
|  |  |  |  |  |  |  |
|  |  |  |  |  |  |  |
|  |  |  |  |  |  |  |
|  |  |  |  |  |  |  |

一、本次询价为单项询价、比价、传真报价，也可密封报价。报价单所列内容必须齐全。
并附必要质量说明及质量证明文件。在3C认证内必须报有3C认证的产品。
二、质量责任：
　1.中标方送货必须确保为100%合格产品，带标准文本，我方将按标准验收。
　2.所送产品规格型号必须与合同完全一致，不一致视为质量问题。
　3.实物外观完好无缺陷，不得有砂眼，不得有铸造及加工缺陷。
　4.合格证、说明书、报关单（进口产品）、检验报告（如需要）等资料齐全，不齐全视为质量问题。
　5.出现质量问题将按我公司制度对送货单位进行处罚（扣分及罚款），出现重大质量问题可能取消此类产品的供货资格。
三、包装完好，满足行业及运输要求，运输过程中损坏视为质量问题。
四、报价为不含税、含运费的包干价格，承兑汇票结算，无预付款。其他方式另注明。
五、备件类物资报价时要注明单重。
六、本报价单须加盖公章，严禁涂改。否则，视为无效报价。

电话：　　　　　　　　　　　　　　　　传真：
联系人：

### 3.1.2.6　报价分析

在收到报价后，要对其条款仔细分析，对其中的疑问要彻底澄清，而且要求用书面方式作为记录，包括传真、电子邮件等。因为报价中包含大量的信息。如果可能的话，应要求供应商进行成本清单报价，并要求其列出材料成本、人工、管理费用等，并将利润率明示。比较不同供应商的报价，你会对其合理性有初步的了解。

（1）供应商价格的组成

供应商的价格是由其成本与利润构成的。供应商成本是指提供产品或服务的成本。它包括原材料、劳动力和一般管理费用分摊等成本。将供应商的利润加入其中就得出采购价格。如图3-8所示。

图3-8　供应商的价格构成

（2）影响供应商定价的因素

了解供应商是怎样制定价格的，有助于采购方评估报价并确定这个价格是否值得。各种各样的因素将影响供应商的定价决策。主要因素有如图3-9所示几个方面。

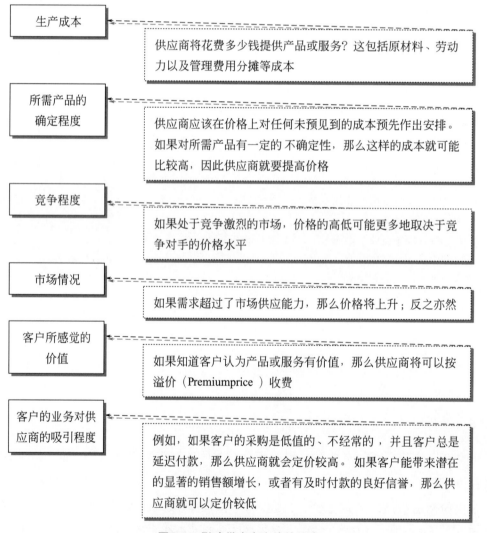

图3-9　影响供应商定价的因素

当然影响供应商价格的因素也会随着时间而变化，因此买方应该跟上时代，从而了解主要因素有何动态以及预测趋势如何变化。

（3）价格分析和成本分析

对供应商的价格和产品成本进行详细分析，有助于了解供应商如何定价，有助于购买者确定合适的价格。

① 价格分析

在考虑报价单的时候，经常要对价格进行分析。有时为了支持基于成本定价的谈判，要使用更加专业的成本分析技术。

价格分析不需要深入探究成本细节就可以判断提供的价格是否合理。价格分析可以采用如图3-10所示方法判断价格的合理性。

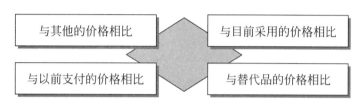

图3-10　价格分析的方法

如果你每天都要谈及价格问题，需要掌握目前市场中哪种价格更合适。当然，涉及如建设合同这样的不是每天都发生的项目时，则需要通过与内部的工程造价预算对比的方式来判断价格的合理性。

在收到不同供应商的报价时，你会发现有些会高于平均价格，有些会低于平均价格。因此对任何低于标准的价格都应该进行仔细检查。而较低的价格可能是由于如图3-11所示几种情况产生的。

情况一：出于得到新客户或新的供应商争取一次机会等原因而作出低的报价。可以把这看作对采购商转向没有尝试过的新货源所产生的风险进行的一种补偿

情况二：在供应商犯错误或无能为力时也会采用低价。如果供应商的投标超出预算或正常价格变化范围很多（如低于平均报价30%），类似于这样的报价，应该让供应商改正他们的错误或者直接取消他们的报价。因为这在后续的供应过程中会产生很多商业风险，如延迟交货、质量不合格等。可以把这看作对采购商转向没有尝试过的新货源所产生的风险进行的一种补偿

图3-11

**情况三** 供应商产量足够大,足以平衡一般管理费用(特别是期望销售收入已经超出了盈亏平衡点),而且任何高于直接成本的价格都能持续地获利

**情况四** 供应商工作量不足,商品价格可能会采用包含直接劳动力和原料的价格,而不计入一般管理费用和利润的分摊部分。接受这样的价格对供应商和采购商都是有利的,但是需要谨慎地调查(最好是实地考察)为什么供应商会工作量不足,是不是因为客户对供应商的产品不满意

**情况五** 长期合作的供应商可能会报一次性低廉的价格,但是这并不排除其他特殊的价格

图 3-11 较低的价格产生的原因

供应商在报价过程中,可能会由于种种原因报出较低的价格。而作为采购人员,则要判断供应商低价的合理性。在因为采购价格判断中,一定要回避一种现象:以低价决定供应商。

② 成本分析

成本分析是在采购的商品在市场上缺乏有效竞争时所采用的一种方法,这种分析能够使价格更切合实际。它强调的是在采购工作完成之前,对需要采购的商品进行分析,判断应该产生什么样的成本以及成本是多少,这样有利于与供应商的谈判。

> **提醒您:**
>
> 进行成本分析需要进行成本项目分析和大量的成本计算,这时,采购部门就要有相应的评估人员或成本分析师来从事这项工作。这些人员的工作就像供应商评估自己的销售价格一样,能够对产品的所有成本进行分析,能够判断成本的合理性;他们有着同样的资格、工作经验等相关的专业知识。

在供应商按照成本清单进行报价后,可以逐个检查供应商成本细目和采购商成本分析之间的差异来达到相互印证。

## 【范本8】采购成本分析表

**采购成本分析表**

厂商名称：_____    年   月   日

| 产品名称 | 零件名称 | 零件料号 | 估价数量 | 备注 |
|---|---|---|---|---|
|  |  |  |  |  |
|  |  |  |  |  |

| 主材料费 | NO | 名称 | 规格 | 厂牌 | 单价 | 用量 | 损耗率 | 材料费 |
|---|---|---|---|---|---|---|---|---|
|  |  |  |  |  |  |  |  |  |
|  |  |  |  |  |  |  |  |  |
|  |  |  |  |  |  |  |  |  |

| 加工费 | NO | 工程内容 | 使用设备 | 日产量 | 设备折旧 | 模具折旧 | 单价 | 加工费 |
|---|---|---|---|---|---|---|---|---|
|  |  |  |  |  |  |  |  |  |
|  |  |  |  |  |  |  |  |  |
|  |  |  |  |  |  |  |  |  |

| 后加工费 | NO | 加工名称 | 使用设备 | 日产量 | 加工单价 | 说明 |
|---|---|---|---|---|---|---|
|  |  |  |  |  |  |  |
|  |  |  |  |  |  |  |
|  |  |  |  |  |  |  |

| 材料费合计 |  | 加工费合计 |  | 后加工费合计 |  |
|---|---|---|---|---|---|
| 营销费用 |  | 税金 |  | 利润 |  |
| 总价 |  |  |  |  |  |
| 备注： |  |  |  |  |  |

（4）交易条款与价格的比较

在市场交易中，如图3-12所示因素最终会影响到交易的价格，所以在报价分析中应予以考虑。

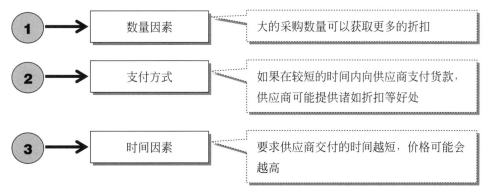

图3-12

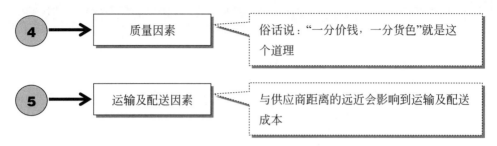

图3-12　报价分析中应予以考虑的因素

（5）价格成本调查

价格成本调查是对价格和其他变量进行比较。根据成本减少的可能区域（见图3-13），可以推断出进一步的成本减少。

◆以前的价格增长记录。
◆产品成本分解（劳动力%；原料%；一般管理费用%；利润%）——根据指数核查增加量。
◆盈亏平衡分析——从事的业务越多，你的谈判地位就越高。
◆学习曲线——当劳动力成本较高的时候，随着生产数量的增加，生产者操作技能不断提高，生产单位产品的时间会越来越少，单位产品的成本会下降。
◆价值分析——这是成本计算必需的。
◆标准化——减少范围，把一些非标准的或自制的零件改成标准零件，可以减少零件数量。
◆购买者/供应商交易——你给多大比例的业务？
◆支付条款——可以改善吗？
◆谈判——在上述各项中同时使用。
◆竞争价格——标书/报价单——投标分析。

图3-13　成本减少的可能区域

### 3.1.2.7　价格谈判

在价格谈判之前，一定要有充分的准备，设定合理的目标价格。对小批量产品，其谈判的核心是交货期，要求其提供快速的反应能力；对流水线、连续生产的产品，核心是价格。但一定要保证供应商有合理的利润空间。

同时，价格谈判是一个持续的过程，每个供应商都有其对应的学习曲线，在供货一段时间后，其成本会持续下降。与表现优秀的供应商达成策略联盟，促进供应商提出改进方案，以最大限度节约成本。

还有非常重要的一个方面是隐性成本。采购周期、库存、运输等都是看不见的成本，要把有条件的供应商纳入适时送货系统，尽量减少存货，从而降低公司的总成本。

#### 3.1.2.8 供应商分析和最终选择

（1）分析的因素

供应商分析是指选择供应商时对许多共同的因素，如价格、品质、供应商信誉、过去与该供应商的交往经验、售后服务等进行考察和评估的整个过程。

当对供应商进行分析时，采购员考虑的主要因素有如图3-14所示几点。

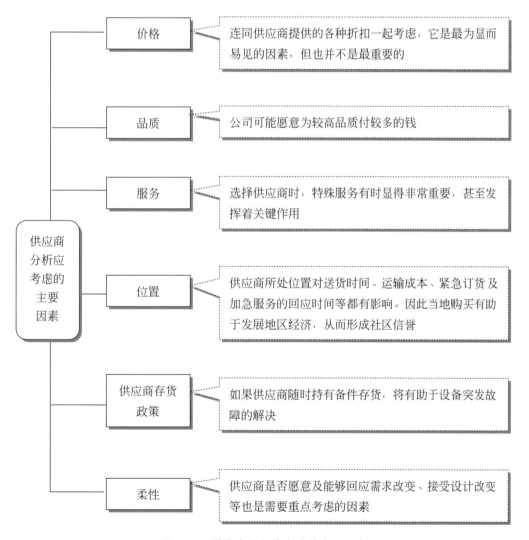

图3-14 供应商分析应考虑的主要因素

对于以上因素，可以用表格的形式来具体体现，从而更加使人一目了然。

【范本9】 供应商比较表

## 供应商比较表

采购物品：

| 比较因素＼供应商 | 供应商A | 供应商B | 供应商C | 供应商D |
|---|---|---|---|---|
| 价格 | | | | |
| 品质 | | | | |
| 服务 | | | | |
| 位置 | | | | |
| 供应商存货政策 | | | | |
| 柔性 | | | | |
| …… | | | | |
| 综合结果 | | | | |

（2）选择供应商

经过以上各个步骤，现在到了最终决定的时候了。最终决定时还要注意如图3-15所示事项。

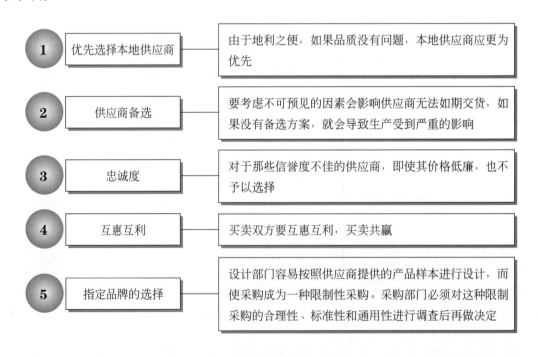

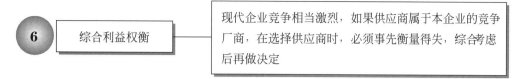

图3-15 决定供应商的注意事项

企业由于各种原因,如果不能选择本地供应商的话,就会转向国外采购。而国外采购的原因有如图3-16所示几种。

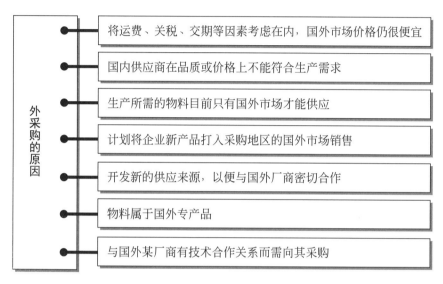

图3-16 国外采购的原因

(3)通知供应商

决定了供应商以后一定要告知被选中的供应商;同时,也要通知未被选中的供应商。而对于未被选中的供应商,更应该告知其最终落选的原因。

(4)形成合格供应商名录

最后,要将供应商的资料存档,并制作合格供应商名录,以方便后续订单的管理。

【范本10】 合格供应商名录

合格供应商名录

年　月　日

| 序号 | 厂商编号 | 名　称 | 联系方式 | 供应材料 | 最后复查时间 | 备注 |
| --- | --- | --- | --- | --- | --- | --- |
|  |  |  |  |  |  |  |
|  |  |  |  |  |  |  |
|  |  |  |  |  |  |  |

确认:　　　　　　　审核:　　　　　　　填表:

## 3.2 供应商管理

### 3.2.1 与供应商建立双向沟通

#### 3.2.1.1 必须有沟通渠道

要进行双向沟通,首先必须有沟通渠道。而企业通常会规定这种沟通渠道,因此采购主管应该好好利用这些渠道。沟通渠道包括以下几种。

(1)负责沟通的部门及人员。

(2)供应商接受沟通的部门及人员。

(3)沟通的方式,例如电话、互联网、信件、联席会议、走访等。

(4)沟通的具体规定,包括定期的和不定期的,定期的如联席会议、走访;不定期的如因临时出现问题而采取的沟通。

#### 3.2.1.2 沟通渠道必须畅通

发现问题能及时通知供应商,并迅速予以解决。因此,采购主管必须掌握供应商的基本情况,而这些情况则包括以下几种。

(1)供应商的名称。

(2)供应商的地址。

(3)供应商的负责人。

(4)供应商负责沟通的部门及人员。

(5)供应商的联系电话、传真、网址。

(6)供应商提供的"采购"产品目录。

(7)供应商在"合格供应商名单"中的等级(供应商的供货能力)。

(8)供应商的历史表现情况。

(9)供应商处理问题的态度和能力。

(10)供应商对沟通的反应能力(包括反应是否及时、处理是否及时等)。

(11)其他有关供应商的情况。

#### 3.2.1.3 建立相应的程序

(1)为了使双向沟通更有效,企业和供应商都应建立相应的程序。而该程序应当规定定期沟通和不定期沟通的时间、条件、内容、沟通方式等;必要时还应有专门的沟通记录,如"厂际质量信息卡"等。

（2）沟通的状况，应当作为供应商的表现之一（而且是表现的重要内容），并将其纳入对供应商的监督、考核之中，作为评定其等级的条件。

（3）对拒绝沟通或沟通不及时的供应商，则要让其限期改进。如果供应商不改进，就应考虑将其从"合格供应商名单"中除去。

## 3.2.2 监视供应商的交货状况

所谓"监视"，就是及时了解并准确把握外包产品的交货、验证、使用等情况，发现异常可以及时与供应商沟通，从而及时解决存在的问题。

采购人员应当在供应商的发货部门（包括发货前的检验部门）和企业的收货部门（包括收货后的检验部门）建立信息点，其中后者也是最重要的信息点。

要通过定期的收货及收货后检验情况报表和不定期的异常情况报告两种方式，对供货状况进行监视。其中异常情况报告特别重要。对异常情况可以分级分类处理，如果其中涉及关键特性的质量问题、可能影响生产正常进行的问题应立即报告，不得延误。

采购人员只有掌握了情况，才能对供应商进行监督，促使其采取纠正措施和预防措施，从而使供货状况向更好的水平发展。

在这一过程中可以运用以下一些表格来加强管理。

**【范本11】A级供应商交货基本状况一览表**

A级供应商交货基本状况一览表

分析日期：

| 序号 | 供应商名称 | 所属行业 | 交货批数 | 合格批数 | 特采批数 | 货退批数 | 交货评分 |
|------|-----------|----------|----------|----------|----------|----------|----------|
|      |           |          |          |          |          |          |          |
|      |           |          |          |          |          |          |          |
|      |           |          |          |          |          |          |          |
|      |           |          |          |          |          |          |          |
|      |           |          |          |          |          |          |          |
|      |           |          |          |          |          |          |          |

制表： 　　　　　　　　　审核：

## 【范本12】供应商交货状况一览表

**供应商交货状况一览表**

分析期间：　　年　　月　　日

| 供应商编号 | | | 供应商简称 | | | 所属行业 | |
|---|---|---|---|---|---|---|---|
| 总交货批次 | | | 总交货数量 | | | 合格率 | |
| 合格批数 | | | 特采批数 | | | 退货批数 | |

| 检验单号 | 交货日期 | 料号 | 名称 | 规格 | 交货量 | 计数分析 | 计量分析 | 特检 | 最后判定 |
|---|---|---|---|---|---|---|---|---|---|
| | 月　日 | | | | | | | | |
| | 月　日 | | | | | | | | |
| | 月　日 | | | | | | | | |
| | 月　日 | | | | | | | | |

制表：　　　　　　　　审核：

## 【范本13】检验品质异常报告

**检验品质异常报告**

| 供应厂商 | | 料号 | | 品名 | |
|---|---|---|---|---|---|
| 交货日期 | | | | | |
| 交货数量 | | | | | |
| 样本数量 | | | | | |

进料异常描述：
☐新料　　　☐新版　　　第_____次进料
☐无规格　　☐未承认　　☐无样品
☐附样品_____件
☐附检验记录
☐同一异常已连续3次（含3次）以上
QC工程师确认：

| 序号 | 规格 | 问题描述 | 不良数 | MA | MI |
|---|---|---|---|---|---|
| | | | | | |
| | | | | | |
| | | | | | |

简图：

## 【范本14】 供应商异常处理联络单

**供应商异常处理联络单**

| 自 | | 至 | |
|---|---|---|---|
| 电话: | | E-mail: | |
| 日期: | | 编号: | |

以下材料，请分析其不良原因，并拟订预防纠正措施及改善计划期限。

| 料号 | | 品名 | | 验收单号 | |
|---|---|---|---|---|---|
| 交货日期 | | 数量 | | 不良率 | |
| 库存不良品 | | 制程在制品 | | 库存良品 | |

异常现象



IQC主管:　　　　　　　检验员:

异常原因分析（供应商填写）：



确认:　　　　　　　分析:

预防纠正措施及改善期限（供应商填写）
暂时对策:
永久对策:


审核:　　　　　　　确认:

改善完成确认:


核准:　　　　　　　确认:

说明：1.该通知就被判定拒收或特别采用的检验批向供应厂商发出。
　　　2.供应厂商应限期回复。

## 3.2.3　供应商品质抱怨处理

供应商品质抱怨是指供应商在品质上有违反或未达到双方达成的品质协议或其他协议，企业对其供应商采取一种通知与处理的措施，也是一种相对轻微的措施。而严重的措施可能就是索赔。

品质抱怨通常是由IQC部门填写品质抱怨单，交由采购部门发出。品质抱怨单的格式最好统一规范，下面有一份范例供读者参考。

## 【范本15】 品质抱怨单

**品质抱怨单**

| 供应商代码 | | 供应商简称 | | | |
|---|---|---|---|---|---|
| 联系部门 | | 联系人 | | | |
| 电　话 | | 传　真 | | | |
| E-Mail | | 日　期 | | | |
| 抱怨主题 | | | 性质 | □普通　□紧急 | |

抱怨内容：
　　贵公司____年____月____日送货的_____（料号），型号为____的____产品，有_____的问题，造成我公司的
　　　　　　　　　　　　　等状况，请于____年____月____日前处理好此问题，并以此为戒。
　　另根据我公司与贵公司的_____协议，采取_____的处理，如有异议请来电！
　　另附《×××》
　　　　《×××》
备注：

某某公司采购部　×××发<br>年　　月　　日

企业下发品质抱怨单给其供应商，供应商在正常状况下会有回复，而对供应商回复的内容要登记并记录保存下来；同时为了数据管理的方便，最好规范好登记格式。其内容必须包括抱怨单号、发出抱怨的信息、原要求解决日期、实际解决日期、最后判定等项目。其格式可参考下面表格，但也可根据自身特点编制。

## 【范本16】 品质抱怨回复记录表

**品质抱怨回复记录表**

| 供应商代码 | | 供应商简称 | | |
|---|---|---|---|---|
| 联系部门 | | 联系人 | | |
| 电　话 | | 传　真 | | |
| E-Mail | | 日　期 | | |
| 抱怨主题 | | 性质 | □普通　□紧急□重大 | |
| 要求回复日期 | 年　月　日 | 实际回复日期 | 年　月　日 | |
| 抱怨内容说明： | | | | |
| 回复内容说明： | | | | |
| 回复判定： | | | | |
| 判定人： | | | | |
| | | 年　　月　　日 | | |

## 3.2.4 来料后段重大品质问题处理

来料后段重大品质问题,是指供应商交货后所发生的重大品质问题,如造成本企业作业员的受伤甚至人身安全危险、本企业大量产品的报废、本企业产品发出到客户或消费者手中发生大的客诉、抱怨、索赔等事件。

来料后段大品质问题的发生,对企业的危害是非常大的,甚至可能导致企业倒闭。因此在处理时必须严谨而慎重。此类事件的流程一般如图3-17所示。

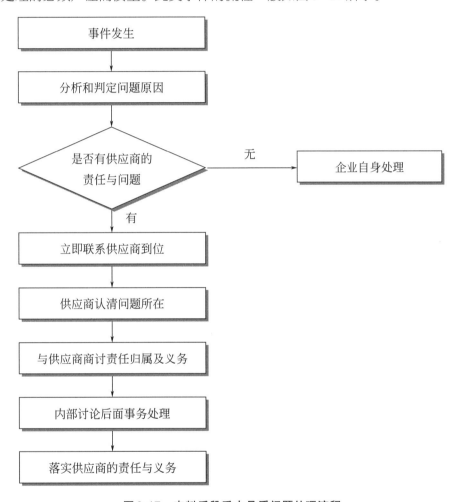

图3-17 来料后段重大品质问题处理流程

（1）区分事件发生在企业内还是企业外

在实际工作中,发生的事件是多种多样的:可能是生产过程中发生了较大的问题,也可能发生在客户处,还可能发生在消费者处。因此可以将事件分为企业内和企业外。

在企业内发生的事件,相对而言较好处理。因为事件一发生,现场人员立即上报主管,随后主管人员到场,在保护人员的基础上保持现场的状态不被破坏,并请相关专业人员来做初步鉴定。

在企业外发生的事件，企业最先让具备一定技术和经验的人员进行电话沟通，初步判定其问题所在，并用积极的态度对待。

（2）分析和判定问题原因

在判定原因时，一定要严谨而慎重，并且要对其客观地分析。首先要根据产品的追踪性找问题的根源，再明确相关人员的责任。如有供应商方面的原因则必须尽快联系供应商；如无供应商原因，则企业内部人员应采取一定的奖罚措施对相关人员以示警告。

（3）联系供应商到位

联系供应商一般先是通过采购联系，也可由高层主管人员和高层主管人员联系。并且根据问题的大小及性质，可指定供应商的处理级别以示严肃。

（4）供应商认清问题所在

需要供应商认识到问题所在，除了要在技术层面上让供应商认同之外，还要在物料的追踪上让供应商认可是他们的物料导致事件发生，否则容易引发权责问题。最好还能与供应商沟通好预防的措施。

（5）与供应商商讨责任归属及义务

这是最严肃的问题，一定要有理有据地来商讨。

（6）内部讨论后面事务处理

企业内部相关人员，如管理层、各部门主管一起讨论该事件的后续处理事务。

（7）落实供应商的责任与义务

如发生了重大问题，则不需要向供应商发出品质抱怨单，而应立即暂停所有下发给该供应商的新订单，并将供应商等级直接降低，甚至是取消其供应资格。

## 3.2.5 定期对供应商考核

供应商考核是指持续不断地对现有供应商保持监督控制，看其是否能够实现预期绩效；对新供应商进行甄别，看其潜力是否能达到公司未来发展所需水平的过程。

现有供应商是指已经通过了供应商甄别分析程序，并接受过至少一次订货的供应商。

### 3.2.5.1 考核目的

（1）掌握供应商的经营概况，确保其供应的产品质量符合企业的需要。

（2）了解供应商的能力和潜力，提供给外包管理部门选择的依据。

（3）协助供应商改善质量，提高交货能力。

#### 3.2.5.2 考核范围

（1）企业对现有的供应商实施考核及等级评定，并依等级的升降作为外包订制及付款的依据。

（2）依供应商的要求，对提出申请的厂商重新进行等级鉴定。

（3）对试用供应商实施考核。当试用期结束并且其考核评分达到相应标准时，则其可以正式成为企业的供应商，并划分其等级。

（4）当协作厂商交货验收不良率过高或对企业生产装配造成重大问题时，其经通知也未能有效改进，则予以重新考核评定等级。

#### 3.2.5.3 考核评分体系的建立

供应商的评分体系是指对供应商各种要求所达到的状况进行计量评估的评分体系，同时也是为了综合考核供应商的品质与能力的体系。

不同企业、不同行业的供应商的评分体系不尽相同。但通常都有交货质量评分、配合状况评分、供应商管理体系评分等3个主项，再加一个可能的其他项目评分，从而组成供应商评分总体架构。

（1）不同项目评分时间和分数不同

在企业的实际运作过程中，设置不同的项目，则其评分时间和次数都不同。

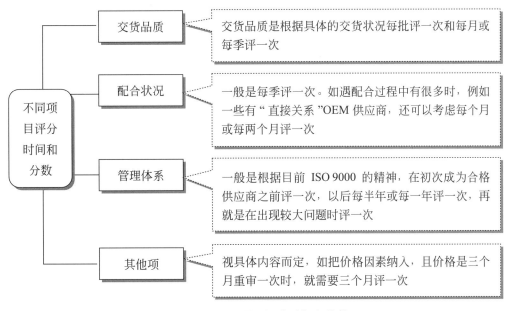

图3-18　不同项目评分时间和分数

（2）权重设定

为了管理和运算的方便，在总体评分架构上，一般都采用设定总分100，各主项的权重（或称为比重）用百分比来设定。至于如何配分，各公司可视具体情况自行决定。

价格：根据市场同类材料最低价、最高价、平均价、自行估价，然后计算出一个较为标准、合理的价格。

交货品质可分为如下几种。

① 批退率。

$$批退率 = \frac{判退次数}{交货次数} \times 100\%$$

根据某固定时间内（如一个月、一季度、半年、一年）的批退率来判定品质的好坏。

如：上半年某供应商交货50批次，判退3批次，其批退率=3÷50×100%=6%。批退率越高，表明其品质越差，得分越低。

② 平均合格率

$$平均合格率 = \frac{各次合格率之和}{交货次数} \times 100\%$$

根据每次交货的合格率，再计算出某固定时间内合格率的平均值来判定品质的好坏。

如：1月某供应商交货3次，其合格率分别为：90%、85%、95%，则其平均合格率=（90%+85%+95%）÷3=90%。因此合格率越高，表明品质越好，得分越高。

③ 总合格率

$$总合格率 = \frac{总合格数}{交货次数} \times 100\%$$

根据某固定时间内总的合格率来判定品质的好坏。

如：某供应商第一季度分5批，共交货10000个，总合格数为9850个，则其合格率=9850÷10000×100%=98.5%。因此合格率越高，表明品质越好，得分越高。

（3）交期交量

① 交货率

$$交货率 = \frac{送货数量}{订购数量} \times 100\%$$

交货率越高，得分就越多。

② 逾期率

$$逾期率 = \frac{逾期批数}{交货批数} \times 100\%$$

逾期率越高，得分越少；逾期越长，扣分越多；逾期造成停工待料，则要加重扣分。

（4）配合度（服务）

在配合度上，应配备适当的分数，服务越好，得分越多。

将以上三项分数相加得出总分，为最后考核评比分数，以此来考核供应商的绩效。

#### 3.2.5.4 实施绩效考核

按企业制度规定的日期对供应商实施绩效考核，在实施过程中最好制定一些标准的表格，如下所示。

**【范本17】 供应商评鉴表**

供应商评鉴表

| 厂商名称 | | | | 厂商编号 | | | |
|---|---|---|---|---|---|---|---|
| 地址 | | | | 采购材料 | | | |
| 评鉴项目 | 品质评鉴 | 交期评鉴 | 价格评鉴 | 服务评鉴 | 其他 | 合计得分 |
| 时间 | 月 | | | | | | |
| | 月 | | | | | | |
| | 月 | | | | | | |
| | 月 | | | | | | |
| 得分总和 | | 平均得分 | | 评鉴等级 | | |
| 处理意见： | | | | | | |

主管：　　　　　采购：　　　　　主管：　　　　　品管：

**【范本18】 供应商绩效考核分数表**

供应商绩效考核分数表

采购材料：

| 评比项目 | 满分 | 评估分 | | | |
|---|---|---|---|---|---|
| | | 供应商A | 供应商B | 供应商C | 供应商D |
| 价格 | 15 | | | | |
| 品质 | 60 | | | | |
| 交期交量 | 10 | | | | |
| 配合度 | 10 | | | | |
| 其他 | 5 | | | | |
| 总分 | | | | | |

#### 3.2.5.5 根据评选结果实施奖惩

依据考核的结果,给予供应商升级或降级的处分;并根据采购策略的考虑,对合格、优良的供应商予优先议价、优先承揽的奖励,对不符合标准的供应商予以拒绝往来的处分。

奖惩方式通常应在供应商考核管理制度中规定下来,若以供应商分A、B、C、D、E等来论,则对其按等次来进行奖励和惩处,奖励和惩处的方式有多种多样,如图3-19所示。

**奖励方式**
- ◆A等供应商,可优先取得交易机会
- ◆A等供应商,可优先支付货款或缩短票期
- ◆A等供应商,可获得品质免检或放宽检验
- ◆对价格合理化及提案改善、品质管理及生技改善推行成果显著者,另行奖励
- ◆A、B、C等供应商,可参加本公司举办的各项训练与研习活动
- ◆A等供应商,年终可获公司"优秀供应商"奖励

**惩处方式**
- ◆凡因供应商品质不良或交期延误而造成的损失,由供应商负责赔偿
- ◆C等、D等供应商,应接受订单减量、各项稽查及改善辅导措施
- ◆E等供应商即予停止交易
- ◆D等供应商三个月内未能达到C等以上供应商的标准,视同E等供应商,予以停止交易
- ◆因上述原因停止交易之供应商,如欲恢复交易,需接受重新调查评核,并采用逐步加量的方式交易
- ◆信誉不佳的供应商酌情做延期付款的惩处

图3-19 奖励和惩处的方式

### 3.2.6 防止供应商垄断

在与供应商相处的过程中,如何防止供应商垄断也是供应商关系管理的一个重要方面。那作为采购人员,该通过哪些途径防止供应商的垄断,以便企业的采购作业顺利进行。请参照如图3-20所示几种方法。

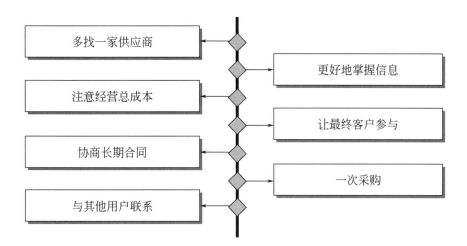

图 3-20　防止供应商垄断的方法

### 3.2.6.1　多找一家供应商

独家供应有两种情况，一种是 Single Source，即供应商不止一家，但仅向其中一家采购；另一种是 Sole Source，即仅此一家别无分号。通常 Single Source 多半是买方造成的，比如仅向关系企业订购，将原来许多家供货商削减到只剩下最佳的一家。Sole Source 则是卖方造成的，比如独占性产品的供应者或独家代理商等。

在 Single Source 的情况下，只要"化整为零"，变成多家供应（Multiple Sources），造成卖方的竞争，那么供应商就自然不会任意抬高价格。

在 Sole Source 时，由于市场信息缺乏，讨价还价的结果是买方依然吃亏。此时，若能与供应商建立良好的人际关系，签订长期合约，也可以避免买方在缺货时必须支付很高的现货价。

### 3.2.6.2　更好地掌握信息

要清楚了解供应商对采购方的依赖程度。有家公司所需的元器件只有一家货源，但它发现自己在供应商仅有的三家客户中是采购量最大的一家。因而供应商离不开这家公司，结果在其要求降价时供应商作出了相当大的让步。

### 3.2.6.3　注意经营总成本

供应商知道采购方没有其他货源，可能会咬定一个价，但采购方可以说服供应商在其他非价格条件上作出让步。因此采购方应注意交易中的每个环节，并加以利用。因为总成本中的每个因素都可能使采购方节约成本。

#### 3.2.6.4 让最终客户参与

如果采购方能与最终用户合作并给予他们信息，摆脱垄断供应商的机会也会伴采购方而来。例如，工程师往往只认准一个商标，因为他们不了解其他选择。如果向他们解释只有一家货源的难处，他们往往就可以让采购方采购其他商标的元件。

#### 3.2.6.5 协商长期合同

长期需要某种产品时，可以考虑订立长期合同。但一定要保证持续供应和价格的控制，并要采取措施预先确定产品的最大需求量以及需求增加的时机。

#### 3.2.6.6 一次采购

当采购方预计所采购产品的价格可能要上涨时，这种做法才可行。采购方可根据相关的支出和库存成本，来权衡一下将来价格上涨的幅度，并与营销部门紧密合作，从而获得准确的需求数量，进行一次性采购。

#### 3.2.6.7 与其他用户联系

与其他具有同样产品需求的公司联合采购，由一方代表所有用户采购会惠及各方。

# 第4章 采购谈判

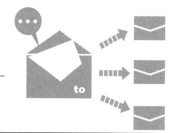

> **引言** 采购谈判并非市场上买菜式"讨价还价",成功的谈判,是一种买卖双方经过计划、检讨及分析的过程达成互相可接受的协议或折中方案。而这些协议或折中方案里包含了所有交易的条件,并非只有价格。采购谈判中折中方案的目的是双赢,因为谈判不同于球赛或战争,在球赛或战争中只有一个赢家,而另一个则是输家。而在成功的谈判里,双方都是赢家,只是一方可能比另一方多赢一些。即谈判技巧较好的一方将会获得较多的收获。

## 4.1 采购谈判规划

成功的谈判必须从妥善的规划开始。因此,首先要作好谈判整体规划。

### 4.1.1 做好预测

如果要做预测,则不能只是遐想,而要在如图4-1所示工作上下功夫。

工作一 尽快取得由供应商提供的协助

供应商对产品的了解,通常比买方多。因此采购员最好要求供应商给予技术、管理、财务等方面的协助

工作二 预测好订购量

收集过去使用量的资料,作为未来订购量的参考。同时有了过去及未来的详细采购资料,有助于在谈判时得到较大的折扣

图4-1

工作三　掌握特殊重大事件

如能掌握有关天灾、坏天气、关税、法令、运输状况等重大事件，将可更准确预测合理价格而在谈判桌上居于优势。而这些重大事件除了从报纸杂志收集外，还可从销售人员处得知

工作四　注意价格趋势

对于价格趋势应注意：
（1）过去供应商有多少产品项目价格上涨（何时上涨、上涨幅度、通报方式）
（2）比较供应商的价格上涨模式与该产业的模式（是否比同业涨得快、涨得多）

图4-1　做好预测的工作

## 4.1.2　学习谈判模式

掌握好谈判模式，将有利于谈判。而从所获得的资讯中学习谈判的问题、对象及内容，则是谈判成功的关键。采购员应知道资讯分为易得到（少花钱及时间）的资讯与不易得到（多花钱及时间）的资讯，其具体内容如下所述。

### 4.1.2.1　易得到的资讯

易得到的资讯可参考图4-2。

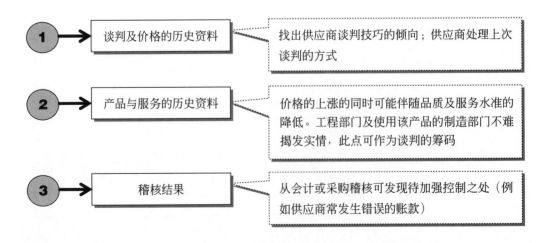

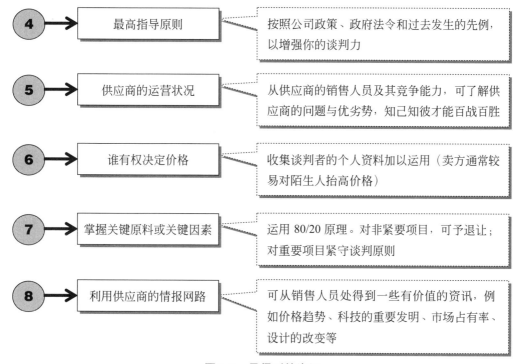

图 4-2　易得到的资讯

### 4.1.2.2　不易得到的资讯

不易得到的资讯通常为如图 4-3 所示的内容。

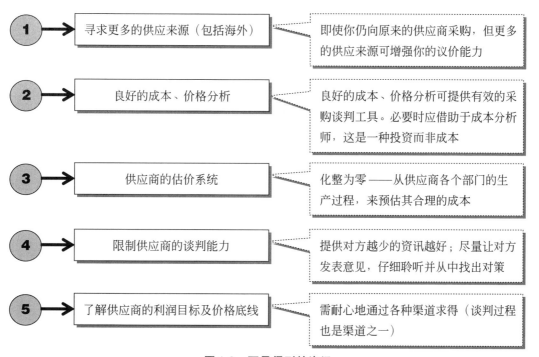

图 4-3　不易得到的资讯

## 4.1.3　分析采购现状

采购员采购前，应对采购现状进行分析。其具体分析方法如下。

（1）建立报价系统

利用专业成本分析师从事成本分析，借以估算底价。

（2）比价

比价可以分为如图4-4所示两种。

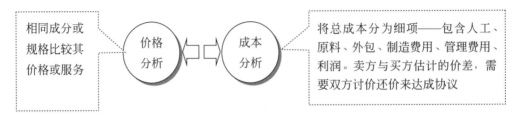

图4-4　两种比价方式

（3）找出决定价格的主要因素。掌握决定价格的主要因素是人工、原料抑或是外包，这可作为谈判的依据。

（4）价格的上涨对供应商的边际利润的影响。供应商的成本虽然上涨（例如由于通货膨胀），但其价格通常不能反映成本的增加（常有灌水现象）。

（5）实际与合理的价格各是多少。

（6）对付价格上涨的最好对策，方法与时机的掌握——最好有专家的协助。

## 4.1.4　对采购优劣势的分析

采购人员必须评估与供应商谈判的力量，并分析有哪些优势或劣势，才能够选择适当的谈判策略与方法。例如属于采购方力量占优势的状况，有下列各项。

（1）采购数量占供应商的产能的比例大。

（2）供应商产能的成长超过采购方需求的成长。

（3）供应厂商产能利用率偏低。

（4）卖方市场竞争激烈，而买方并无指定的供应来源。

（5）买方最终产品的获利率高。

（6）物料成本占产品售价的比例低。

（7）断料停工损失成本低。

（8）买方自制能力高，而且自制成本低。

（9）采用新来源的成本低。

（10）买方购运时间充足，而卖方急于争取订单。

观察采购力量与供应力量的对抗情形，自然可以找出机会或弱点。而据此能够发现对付供应商的策略（压榨策略、平衡策略或多角化策略），此等策略将成为采购人员执行工作的行动方针。

## 4.2 采购谈判准备

做好了整体的规划，要开始进行谈判前准备。采购谈判是谋求双赢的一种谈判。因此，谈判者必须有充足的准备，并掌握一定准备技巧，以便灵活把握谈判过程中的细节。

### 4.2.1 收集采购谈判资料

#### 4.2.1.1 明确己方需求

明确己方需求就是要在谈判之前弄清楚企业需求什么、需求多少、需求时间、需求产品的质量、需求产品的规格、包装、价格底线。采购人员最好能够列出企业采购物料明细清单，此时可以参考表4-1。

表4-1 采购物料明细表

| 需求物品名称 | 规格 | 数量 | 交期 | 包装 | 价格底线 | 质量 | 运输方式 |
|---|---|---|---|---|---|---|---|
|  |  |  |  |  |  |  |  |
|  |  |  |  |  |  |  |  |
|  |  |  |  |  |  |  |  |
|  |  |  |  |  |  |  |  |
|  |  |  |  |  |  |  |  |
|  |  |  |  |  |  |  |  |

#### 4.2.1.2 调查资源市场

在对采购需求作出分析之后，采购人员要对资源市场进行调查分析。从而可以获得市场上有关物料的供给、需求等信息资料，为采购谈判的下一步提供决策依据。目前市场调查的内容可以参考表4-2。

表4-2 市场调查的内容

| 调查项目 | 调查内容 | 调查目的 |
| --- | --- | --- |
| 产品供应需求情况 | （1）对于该产品来讲，目前市场上是供大于求、供小于求还是供求平衡<br>（2）了解该产品目前在市场上的潜在需求者。是生产本企业同种产品的市场竞争者，还是生产本企业产品替代品的潜在市场竞争者 | 制定不同的采购谈判方案和策略。例如，当市场上该产品供大于求时，对于己方来说讨价还价就容易些；供小于求，情况则相反 |
| 产品销售情况 | （1）该类产品各种型号在过去几年的销售量及价格波动情况<br>（2）该类产品的需求程度及潜在的销售量<br>（3）其他购买者对此类新、老产品的评价及要求 | 可以使谈判者大体掌握市场容量、销售量，有助于确定未来具体的购进数量 |
| 产品竞争情况 | （1）生产同种所需产品供应商的数目及其规模<br>（2）所要采购产品的种类<br>（3）所需产品是否有合适的替代品的生产供应商<br>（4）此类产品的重要品牌的市场占有率及未来变动趋势<br>（5）竞争产品的品质、性能与设计<br>（6）主要竞争对手所提供的售后服务方式及中间商对这种服务的满意程度 | 通过产品竞争情况的调查，使谈判者能够掌握供应己方所需同类产品竞争者的数目、强弱等有关情况，寻找谈判对手的弱点，争取以较低的成本费用获得己方所需产品。也能使谈判者预测对方产品的市场竞争力，使自己保持清醒的头脑，在谈判桌上灵活掌握价格弹性 |
| 产品分销渠道 | （1）各主要供应商采用何种经销路线，当地零售商或制造商是否聘用人员直接推销，其使用程度如何<br>（2）各种类型的中间商有无仓储设备<br>（3）各主要市场地区的批发商与零售商的数量<br>（4）各种销售推广、售后服务及存储商品的功能 | 可以掌握谈判对手的运输、仓储等管理成本的状况，在价格谈判时心中有数，而且可以针对供应商售后服务的弱点，要求对方在其他方面给予一定的补偿，争取谈判成功 |

### 4.2.1.3 收集供方信息

应收集如图4-5所示的供方信息。

信息一：对方的资信情况。对方是否具有签订合同的合法资格；对方的资本、信用和履约能力

信息二：对方的谈判作风和特点。谈判作风实质是谈判者在多次谈判中表现出来的一贯风格。了解谈判对手的谈判作风，可以预测谈判的发展趋势及可能采取的应对策略，为制定己方的谈判策略提供重要的依据

信息三：供应商要求的货款支付方式、谈判最后期限等方面资料

图4-5 应收集的供方信息

#### 4.2.1.4 整理与分析资料

在通过各种渠道收集到以上有关信息资料以后，采购人员还必须对它们进行整理和分析。此时应注意以下事项。

（1）鉴别资料的真实性和可靠性

即去伪存真。在实际工作中，由于各种各样的原因和限制因素，在收集到的资料中，某些资料比较片面、不完全，有的甚至是虚假、伪造的。因而采购人员必须对这些收集到的初步资料做进一步的整理和甄别。

（2）鉴别资料的相关性和有用性

即去粗取精。在资料具备真实性和可靠性的基础上，应结合谈判项目的具体内容与实际情况，分析各种因素与该谈判项目的关系；并根据它们对谈判的相关性、重要性和影响程度进行比较分析，并依此制定出具体切实可行的谈判方案和对策。

### 4.2.2 制定采购谈判方案

#### 4.2.2.1 确定采购谈判目标

谈判目标指参加谈判的目的。一般可以把谈判目标分为三个层次：必须达到的目标、中等目标、最高目标。

对于采购谈判来讲，其目标如图4-6所示。

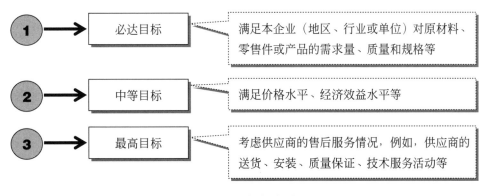

图4-6 采购谈判目标

#### 4.2.2.2 安排采购谈判议程

谈判议程及谈判的议事日程，主要说明谈判时间的安排和双方就哪些内容进行协商。

（1）确定采购谈判主题

要进行一次谈判，首先要确定谈判的主题。一般来说，凡是与本次谈判相关的、需要双方展开讨论的问题，都可以作为谈判的议题。采购人员可以把它们一一罗列出来，然后根据实际情况，确定应重点解决哪些问题。

而对于采购谈判来讲，最重要的就是谈判采购产品的质量、数量、价格水平、运输等方面。

（2）安排采购谈判时间

谈判时间的安排，即要确定谈判在何时举行、为期多久。如果是一系列的谈判，则需要分阶段进行，还应对各个阶段的谈判时间作出安排。在选择谈判时间时，采购人员要考虑如图4-7所示因素。

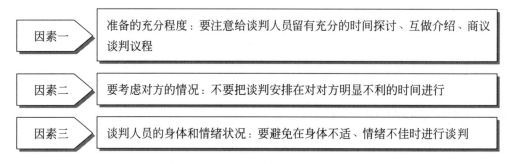

图4-7　选择谈判时间的考虑因素

#### 4.2.2.3　制定谈判备选方案

通常情况下，在谈判过程中难免会出现意外的事情，令谈判人员始料不及，会影响谈判的进程。因而在谈判前，采购人员应对整个谈判过程中双方可能作出的一切行动进行正确的估计，并应依此设计出几个可行的备选方案。

在制定谈判备选方案时，可以注明在何种情况下，可以使用此备选方案，以及备选方案的详细内容、操作说明等。

## 4.2.3　选择采购谈判队伍

采购谈判队伍的选择，就是指在对谈判对手情况以及谈判环境诸因素，进行充分分析、研究的基础上，根据谈判的内容、难易程度选择谈判人员，组织高效精干的谈判队伍。

#### 4.2.3.1　谈判队伍选择的原则

采购管理人员在选择采购谈判队伍时应按照以下原则。

（1）根据谈判的内容、重要性和难易程度组织谈判队伍

在确定谈判队伍阵容时，应着重考虑谈判主体的大小、重要性和难易程度等因素，

依此来决定派选的人员和人数。此时应遵循如图4-8所示原则。

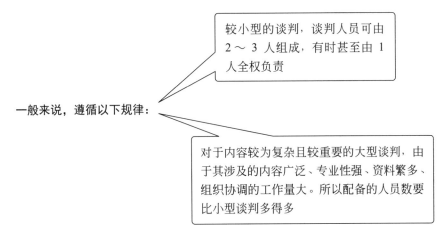

图4-8　谈判队伍组织原则

（2）根据谈判对手的具体情况组织谈判队伍

在对谈判对手的情况做了基本的了解以后，就可以依据谈判对手的特点和作风来配备谈判人员。一般可以遵循对等原则，即己方谈判队伍的整体实力与对方谈判队伍的整体实力相同或对等。

#### 4.2.3.2　谈判人员的选择与配备

（1）通常情况下，参加采购谈判的人数往往超过组织人数一人，而组成谈判小组。

（2）对于复杂的较为重要的谈判来讲，首先可以满足谈判中多学科、多专业的知识需求，取得知识结构上的互补与综合优势；其次，可以群策群力、集思广益，形成集体的进取与抵抗的力量。

#### 4.2.3.3　谈判人员的分工与合作

（1）谈判人员的分工

在确定了具体谈判人员并组成谈判小组之后，就要对其内部成员进行分工，从而确定主谈与辅谈。其定义如图4-9所示。

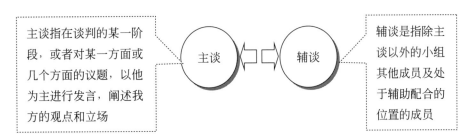

图4-9　主谈和辅谈

（2）谈判人员的合作

主谈与辅谈人员在谈判过程中并不是各行其是，而是在主谈人员的指挥下，互相密切配合。

总之，既要根据谈判的内容和个人的专长进行适当的分工，明确个人的职责；又要在谈判中按照既定的方案相机而动、彼此呼应，形成目标一致的有机谈判统一体。

### 4.2.4 确定谈判地点

谈判地点的选择有三种情况：己方所在地、对方所在地、双方之外的第三地。对于最后一种情况，往往是双方在参加产品展销会时进行的谈判。三种地点选择有利有弊，其具体利弊如表4-3所列。

表4-3 谈判地点的优缺点

| 谈判地点 | 优点 | 缺点 |
| --- | --- | --- |
| 己方所在地 | （1）以逸待劳，无需熟悉环境或适应环境这一过程<br>（2）随机应变，可以根据谈判形式的发展随时调整谈判计划、人员、目标等<br>（3）创造气氛，可以利用地利之便，通过热心接待对方、关心其谈判期间生活等问题，显示己方的谈判诚意、创造融洽的谈判氛围，从而促使谈判成功 | （1）要承担烦琐的接待工作<br>（2）谈判可能受己方领导的制约，不能使谈判小组独立地进行工作 |
| 对方所在地 | （1）不必承担接待工作，可以全身心地投入到谈判中去<br>（2）可以顺便实地考察对方的生产经营状况，取得第一手的资料<br>（3）在遇到敏感性的问题时，可以说资料准备不全从而委婉地拒绝答复 | （1）要有一个熟悉和适应对方环境的过程<br>（2）谈判中遇到困难时，难以调整自己。容易产生不稳定的情绪，进而影响谈判结果 |
| 双方之外的第三地 | 对于双方来说在心理上都会感到较为公平合理，有利于缓和双方的关系 | 由于双方都远离自己的所在地，因此在谈判准备上会有所欠缺，谈判中难免会产生争论，从而影响谈判的成功率 |

### 4.2.5 安排与布置谈判现场

在己方所在地进行谈判时，己方要承担谈判现场的安排与布置工作。为了能充分利用上述优点，在做此项工作时，要讲求科学和艺术。对其进行具体操作时应注意以下几点。

#### 4.2.5.1 最好能够为谈判安排三个房间

三个房间的一间作为双方的主谈判室，另外两间作为各方的备用室或休息室。

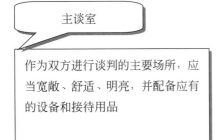

图 4-10　三个房间的安排

#### 4.2.5.2 谈判双方座位的安排也应认真考虑

通常有两种座位安排方式：双方各居谈判桌一边，相对而坐；双方谈判人员随意就座。两种安排方式各有优缺点，要根据实际情况加以选择。

### 4.2.6　模拟谈判

为了提高谈判工作的效率，使谈判方案、计划等各项准备工作更加周密、更有针对性。在谈判准备工作基本完成以后，应对此项准备工作进行检查。而在实践中行之有效的方法就是进行模拟谈判。有效的模拟谈判可以预先暴露己方谈判方案、计划的不足之处及薄弱环节、检验己方谈判人员的总体素质、提高他们的应变能力，从而减少失误、实现谈判目标。

谈判双方可以由己方谈判人员与己方非谈判人员组成，也可以将己方谈判小组内部分为两方进行。

## 4.3　采购谈判的过程控制

在中国这个关注人缘的社会，相逢即缘分，更何况"利"字当前的商海呢？如何珍惜与使用这份"缘"的资本，采购谈判的过程中需要采购人员仔细斟酌每一细节，直至争取到双赢，使双方皆大欢喜。因此，在谈判开始前，我们必须知道谈判的各个步骤，如图4-11所示。

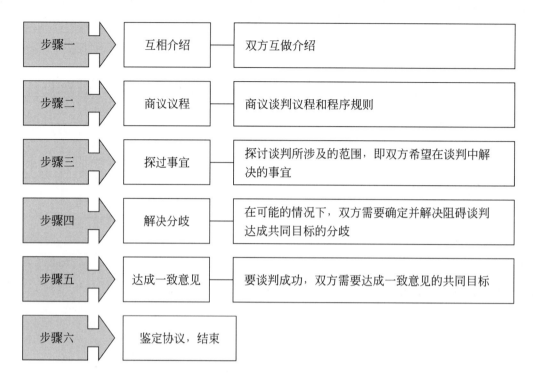

图4-11 采购谈判的步骤

在各个谈判的步骤中,供需双方均要把握好各个细节,以确保双赢的达成。在谈判时,采购人员应掌握以下知识。

## 4.3.1 有礼貌的相互介绍

谈判中有邀请方与被邀请方,因此,作为负责这项事务的采购员与业务员必须肩负起相互介绍的责任。在相互介绍时,采购人员应注意。

(1)首先可由一方的采购员(业务员)来负责介绍双方主要人物,然后依次按职务高低介绍。

(2)介绍时要坚持客方优先的原则。

(3)介绍后邀请双方入座,并向对方通报今天的具体谈判议程安排。

## 4.3.2 立场表现要明确

立场即认识和处理问题时所处的地位和所抱的态度。采购人员在谈判时要立场明确,应知晓以下常识。

### 4.3.2.1 表示出求"双赢"

在谈判时,要表示出我们谈判的目的是双赢。事实证明,大部分成功的采购谈判,都要在和谐的气氛下进行,才可能达成。而在相同条件交涉上,站在对方的立场上去说明,往往更有说服力。

双赢绝对不是50/50(二一添做五)。事实上,有经验的采购人员总会设法为自己的公司争取最好的条件,然后也让对方得到一点好处。因此,站在采购的立场上,谈判的结果应是60/40、70/30,甚至是80/20。

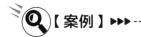【案例】▶▶▶

**谈判中一味穷追猛打**

2009年,YY公司采购员薛某去一制造厂家采购手机配件。由于该供应厂家觉得YY公司可以长期合作,在双方谈判中表示出退让,愿意在前几次供货时用微薄利润博得长期合作。这一点被薛某发现后,薛某认为有机可乘。

在谈判中,该供应厂家表示:"我们的立场鲜明,我们的目的是长期合作。"

薛某:"我们公司也愿意,不过要看你们的合作态度。"

该供应厂家:"你们可以提供技术给我们,我们仅留2%的利润用来维持公司发展,其余的可以优惠价格给你们。"

薛某:"我看这样吧,你们在价格上再降10%。"

该供应厂家:"我们没有利润了,何来发展呢?"

薛某:"这是最低限度,你知道我们公司的供应商众多。"

该供应厂家:"我们没有利润了,那就不用谈了。我们自己开发技术。"

从案例中可以发现,YY公司采购员薛某的立场出现了严重错误。采购员对公司的贡献是维持双赢合作,而不是把供应商逼得没有退路。

### 4.3.2.2 "产品质量"不可让步

产品质量是采购商的门面。因此,在谈判时,采购员要供货方提供明确的质量保证要求以及质量责任,甚至要求供货方提供质量保证依据。在谈判中,采购方决不能以牺牲质量来确保最低价格的实现。

【案例】

### 谈判中对产品质量立场不明确

在采购活动中,质量是第一条件。DY公司的采购员李强为了完成任务,不惜以产品质量为代价,这给公司带来巨大的损失。

DY公司是一家大型猪饲料销售企业。由于在2009年公司销售量增加,要求公司采购员加大猪饲料采购量。在2008年4月份,公司规定每个采购员的采购量是100吨。但月末已到,李强的饲料采购量还不到50吨。问题不是采购不到猪饲料,而是许多猪饲料质量不达标。达标的猪饲料单价太高,超过了公司的允许范围。情急之下,李强决定冒险一次,他看到××饲料厂的猪饲料的质量要求与公司要求质量差不了多少,只是含×元素不达标而已。

为了完成采购任务,李强与××饲料厂达成协议,DY公司采购100吨,价格下调20%。这刚好在公司的允许范围之内,质量不达标的送料在包装上进行改动。

采购回来的送料在化验中发现含×元素不达标。DY公司责怪××饲料厂造假。而××饲料厂声称之前与李强有协议,因此双方见诸于法庭。

#### 4.3.2.3 谈判属于组织行为

采购谈判是采购员代表企业或者组织同另一供方的企业或者组织销售代表实施谈判。因此采购员个人素质决定着谈判的成败。如果某个采购员对某家供应商带有异样眼光,很容易导致采购谈判的失败。

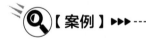【案例】

### 回扣的危害

在采购活动中,"回扣"可谓是谈论的热点,也是采购活动中的焦点问题。采购人(需方主体)是供应商的"上帝"和"追捧者",更是吃回扣的主要当事人。采购谈判的成功与否,往往与供方给采购人员回扣的多少有很大关系。

例如,有一个贪官被查处后,在他的清单上显示,这位贪官对每件烟酒饮料都收取了20%~30%不等的回扣。例如,一瓶3斤装轩尼诗KO,采购价是每瓶1680元,实际则是每瓶1176元,一瓶就收取504元的回扣,3瓶共捞了1512元。这个贪官简直是贪婪成性。竟然连实价6毛5一瓶的矿泉水也不放过,每瓶照样收了3毛5的好处。

采购360瓶水还捞了126块钱。

后来这位送回扣的酒水商也被牵涉进来，在纪委的调查中，酒水商说："我们在谈判时，该官就表明立场，每瓶酒至少都要给他500元的回扣。否则，今天的采购谈判就免了。"

## 4.3.3 议程中遵循三原则

谈判议程即谈判的议事日程，它主要是说明谈判时间的安排和双方就哪些内容进行磋商。在进行谈判之前，要确定谈判的主题与谈判议程，在执行谈判中，主持好谈判的双方主管应该遵循谈判议程执行谈判。凡是与本次谈判相关的、需要双方展开讨论的问题，都要作为谈判的议题。因此必须把握如图4-12所示三原则。

**把握重点谈**：谈判时，可以把谈判主体一一罗列出来；然后根据实际情况，确定应重点解决哪些问题。对于采购谈判来讲，最重要的就是采购原材料的质量、数量、价格水平、运输等方面，所以应把这些问题作为议题重点加以讨论

**时间有限性**：一般说来，必须把握谈判时间进度，因为人的精力有限。有些谈判需要长年累月谈，由于供需双方的利益不一样，可能谈判达成时间不一样，原则上应尽量有利于己方的达成时间。对于一般性企业，都应该从快处理；而对国际性采购，因其已经固定化了采购方式，可以根据价格需要采取谈判拖延战略

**事实为根据**：作为谈判双方，供方必须展示出自己真实的技术、质量、生产势力；采购方也必须展示出自己真实的购买能力，可以邀请采购方查厂或者采购方现支付一定定金

图4-12 议程中遵循的三原则

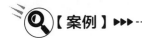

**【案例】**

### 巴西与中国铁矿石谈判

中国采购巴西的铁矿石的谈判,谈判时间越长对中国越有利。因为近年来国际铁矿石价格被炒得太高,而在同时至少由四大因素决定的铁矿石虚高价格将有掉头向下的趋势,因此应将谈判延期到矿石价格下降的时期。谈判时间越长对中国越有利。

## 4.3.4 选择适当的谈判方式

在谈判中,选择适当的谈判方式对采购员来说是非常重要的。采购方式可以根据谈判具体情况来确定,一般来说,谈判方式有如下两种。

### 4.3.4.1 强硬性谈判

强硬性谈判不是说在谈判中采用强硬的语气,而是指在谈判中采取强硬的立场、绝不让步。这种谈判方式通常表现在美国企业采购上。采购人员在采取强硬性采购谈判时要应掌握以下五个条件。

(1)准确计算出供方成本与利润空间。

(2)在同行中自己占有绝对市场优势。

(3)供方产品处在市场销售低潮。

(4)供方企业处于资金流通困难时。

(5)供方要求在质量上给予让步时。

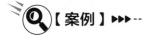

**【案例】**

### 美国AN公司的乘人之危

AN公司是一家大型电子销售集成公司。由于AN公司的文化里面含有"西点军校"式文化,因此他们的采购谈判常常被称之为乘人之危。

AN公司采购员詹姆斯是一位非常严谨的采购员。每次谈判都"斤斤计较"。2009年3月,詹姆斯带领采购团队,采购中国西南某基地的电子产品。在谈判前,他已经了解了各项情况,知道西南某基地的电子产品处于不景气状态,也了解了市场价;同时请AN公司的财务师估算了西南某基地的电子产品的成本。

在谈判中:西南某基地说:"价格无法下调了。"

詹姆斯:"为什么？没有利润了。"

西南某基地说:"我们利润非常微薄了。再下调，公司等于白干了。"

詹姆斯:"我们来核算下成本……。如果你们下调10%，还有23.5%的利润空间，完全可以维持你们企业的生存与我们的未来合作。"

西南某基地:"詹姆斯先生，另外一个企业Y公司也谈在这个价格上。"

詹姆斯:"NO，我们已经调查了，Y公司已经表示退出中国市场了。"

西南某基地的谈判人员目瞪口呆，不得不佩服詹姆斯高超的谈判技术与周密的布置。

---

#### 4.3.4.2 温柔性谈判

温柔性谈判，是指在采购谈判中采取让步的状态，来达成交易目的。某些企业在出现库存不足，或者其他物质紧缺情况下，通常会在采购谈判中采用温柔性谈判。因此采购人员在采取温柔性谈判时应掌握以下五个条件。

（1）前文强硬性采购谈判要掌握的五个条件。

（2）采购方出现紧急物质需求。

（3）供方产品市场潜力巨大。

（4）供方要求在非紧要关口上给予让步时。

（5）采购谈判持久不下。

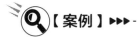【案例】▶▶▶

### 四川某企业的以退为进

2008年，四川的一家建筑器材生产制造企业，由于地震的破坏，其重建任务十分紧迫，急需采购一批建材设备。在一次与C公司就设备采购的采判中，该企业成功地运用温柔性谈判方式获得了采购成功。

在谈判中：

川企说:"我们急需一批建材配件××××。"

C公司:"心情我们可以理解，但是价格问题上是否可以提高一点。"

川企说:"现在是非常时期，我们的困难你可以了解。"

C公司:"普天下华人都了解，大家各让一步吧。"

川企说:"我们现在不光缺设备、还缺人才。可否在这个问题上给予帮助。"

C公司:"我提议，设备价格再上调1%，人才问题我们可以无偿解决。"

川企说:"行，可行。"

由于在地震中，川企的资金链出现问题，短时间内还无法解决。因此，谈判过了一会儿，川企说："由于按你们企业目前的价格，我们的现金无法按时到账，需要等来年一起结算。"

C公司此时才明白，川企通过价格让步是为了获取资金的延期付款。由于已经答应合作，C公司只有按谈判要求将人与设备送到四川。

---

### 4.3.5 僵局一定要打破

采购谈判中，在谈及价格与交期问题时，出现僵局是很难避免的。一般认为，在谈判中出现僵局时，采购人员可采取如图4-13所示技巧。

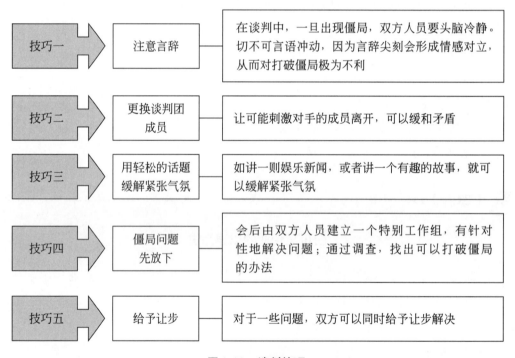

图4-13 谈判技巧

【案例1】

华北某汽车制造集团C公司与东南亚某国，就购买橡胶进行了马拉松式的持久谈判。东南亚某国开价高得惊人，尽管双方僵持激烈，但东南亚某公司不在乎僵局。为了打破僵局，C公司恳求政府支持，政府选派的是一名杰出的商务谈判高手，结果她很久也谈不下来。于是这位谈判高手采取了幽默的方式，以退为攻，说："好吧，我同意贵方的报价。如果我的政府与我的公司不同意这个高价，我愿意用我的工资来支付。但是，请允许我分期付款，可能我要支付一辈子。"东南亚某国忍不住一笑，发现继续谈下去也无法打破僵局，最后一致同意把橡胶价格降下调20%。

从这个案例可以明显看出，东南亚某公司的让步对谈判的成功起了关键的作用。这种让步就是以退为进，它对谈判双方都很有利。而这位谈判高手的幽默也起了不可估量的作用。

### 【案例2】

我国某厂与美国某公司谈判设备购买生意时，美商报价218万美元，我方不同意；美方降至128万美元，我方仍不同意。美方大怒，扬言再降10万美元，即118万美元不成交就回国。但是我方不为美方的威胁所动，要求再降，从而导致谈判陷入僵局。

第二天，美商果真回国，我方毫不吃惊。美方为了谈成这笔生意，几天后，美方代表又回到中国继续谈判。此时，我们为了找到打破僵局的办法，从国外获取一份情报——美方在两年前以98万美元将同样设备卖给匈牙利客商。在谈判的时候，我方将此情报出示后，美方以物价上涨等理由狡辩了一番后将价格降至我们需求的价格。

从这个案例可以明显看出，为了打破僵局，美方使用了欲擒故纵、掉头走人的吓唬策略。为了僵局的突破，我方也在寻找有利于谈判中价格竞争的情报。

## 4.3.6 谈判结束时的掌握

这是谈判的最后阶段，在这一阶段，主要应做好如图4-14所示工作。

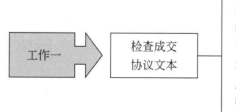

图4-14

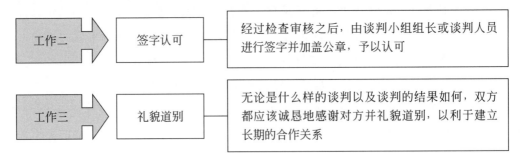

图 4-14　谈判最后阶段应注意的工作

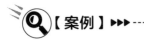

　　谈判结束时，检查合同是一项重要的环节。因为合同的字面意思而导致纠纷的事件频出。2009年1月，云翼制造与汉法纸张公司引发了合同纠纷。

　　1月9日，在云翼制造采购汉法纸张包装纸，当晚，双方谈判结束，两家企业庆祝开始合作，但没有人去检查合同上的歧义。

　　1月10日，汉法开始给云翼制造供纸。1月11日，云翼打电话告诉汉法，汉法的纸张不合格，要求重做。但汉法认为是按合同执行的。双方一对照合同，合同上写明所有纸张按12*13执行。汉法是国内企业，当然按12CM*13CM执行生产。而云翼是外资企业，在他们的观念中，12*13的单位是英寸。

　　从此案例中可以看出，在谈判结束后检查合同是非常重要的；否则可能会出现更大的纠纷。

# 4.4　采购谈判策略与技巧

## 4.4.1　不同优劣势下的谈判技巧

　　采购员在谈判时还应掌握不同优劣势下的谈判技巧，才能做到游刃有余。其具体内容如下。

### 4.4.1.1　我方劣势谈判技巧

　　在采购谈判活动中，我方处于弱势情况时，可以采用吹毛求疵技巧、先斩后奏技巧、攻心技巧、疲惫技巧、权力有限技巧和对付阴谋型谈判作风的技巧。熟练把握和恰当运用这些技巧，有利于我方控制谈判的方向和进程。在这里主要介绍一下吹毛求疵谈判技巧。

吹毛求疵技巧常用在零售业中，但在生产性企业却不可这样做。

吹毛求疵技巧，就是指谈判中处于劣势的一方对有利的一方炫耀自己的实力，谈及对方的实力或优势时采取回避态度，而专门寻找对方弱点，伺机打击对方。

【案例】▶▶▶

苹果熟了，果园里一片繁忙景象。一家果品公司的采购员来到果园，"多少钱一公斤？" "1.6 元。" "1.2 元行吗？" "少一分也不卖。"不久，又一家公司的采购员走上前来。"多少钱一公斤？" "1.6 元。" "整筐卖多少钱？" "零买不卖，整筐 1.6 元一公斤。"接着这家公司的采购员挑出一大堆毛病来，如商品的功能、质量、大小、色泽等。其实买方是在声明：瞧你的商品多次。而卖主显然不同意他的说法，在价格上也不肯让步。买主却不急于还价，而是不慌不忙地打开筐盖，拿起一个苹果掂量着、端详着，不紧不慢地说："个头还可以，但颜色不够红。这样上市卖不上好价呀！"接着伸手往筐里掏，摸了一会儿摸出一个个头小的苹果："老板，您这一筐，表面是大的，筐底可藏着不少小的。这怎么算呢？"边说边继续在筐里摸着，一会儿，又摸出一个带伤的苹果："看，这里还有虫咬，也许是雹伤。您这苹果既不够红、又不够大，算不上一级，勉强算二级就不错了。"这时，卖主沉不住气了，说话也和气了："您真想要，还个价吧。"双方终于以每公斤低于 1.6 元的价钱成交了。第一个买主遭到拒绝，而第二个买主却能以较低的价格成交。这关键在于，第二个买主在谈判中，采取了"吹毛求疵"的战术，说出了压价的道理。

#### 4.4.1.2 我方优势的应对技巧

我方处于优势，常常采用不开先例技巧的原理。为了坚持和实现提出的交易条件，而采取的对已有的先例来约束对方。从而使对方就范，接受己方交易条件的一种技巧。它是一种保护买方利益，强化自己谈判地位和立场的最简单而有效的方法。买方如果居于优势，对于有求于己的推销商，在进行谈判时也可参照应用。

【案例】▶▶▶

下面是电冰箱进货商（甲方）与电冰箱供货商（乙方）对一批电冰箱价格所进行的谈判实况。

甲:"你们提出的每台1700元,确实让我们难以接受。并有诚意成交,能否每台降低300元?"

乙:"你们提出的要求实在令人为难。一年来我们对进货的600多位客户给的都是这个价格。要是这次单独破例给你们调价,以后与其他客户的生意就难做了。很抱歉,我们每台1700元的价格不贵,不能再减价了。"

在这个关于电冰箱价格的谈判实例中,电冰箱供应者面对采购者希望降价的要求,为了维持己方提出的交易条件而不让步,便采取了不开先例的手法。对供应者来讲,过去与买方的价格都是每台1700元,现在如果答应了采购者要求降价,就是在价格问题上开了一个先例,进而造成供应者在今后与其他客户发生交易行为时也不得不提供同样的优惠条件。所以,精明的供应商始终以不能开先例为由,委婉地回绝了对方提出的降价要求。供应者在价格谈判中,成功地运用了不开先例的技巧,其原理是利用先例的力量来约束对方使其就范奏效。

### 4.4.1.3 均势谈判技巧

均势谈判中,常采用迂回绕道技巧的原理。

所谓迂回绕道技巧,就是通过其他途径接近对方,建立了感情后再进行谈判。这种方法往往很奏效,因为任何人除了工作以外还会有许多业余活动。而这些业余活动如果是对方最感兴趣的事情,那么你就能成为对方的伙伴或支持者,感情上就很容易沟通了,从而可以很容易换来经济上的合作。

**【案例】**

美国杜维诺公司向一家饭店推销面包,杜维诺派销售人员和部门经理亲自上门推销,并向这家饭店做出价格优惠、服务上门、保证供应、保证质量的承诺,还表示了愿意建立长期合作关系的愿望,但饭店经理就是不买他的面包。后来杜维诺采用了迂回战术才获得成功。杜维诺了解到,该饭店的经理是一个名叫"美国旅馆招待者"组织中的一员,他十分热衷于这一活动,被选为该组织的主席。不论该组织的会议在什么地方召开,他都不辞辛苦地参加。了解到这些情况后,当杜维诺再见到他时,绝口不谈面包一事,而是谈论那个组织。因此饭店经理十分高兴,跟他谈了半个小时,并建议杜维诺加入这一组织。几天之后,杜维诺便接到了这家饭店购买面包的订单。

## 4.4.2 采购谈判的沟通技巧

采购人员在谈判时，还要注意沟通技巧。其具体技巧可以参考以下知识。

### 4.4.2.1 谈判沟通的四种方式

谈判沟通的四种方式如图4-15所示。

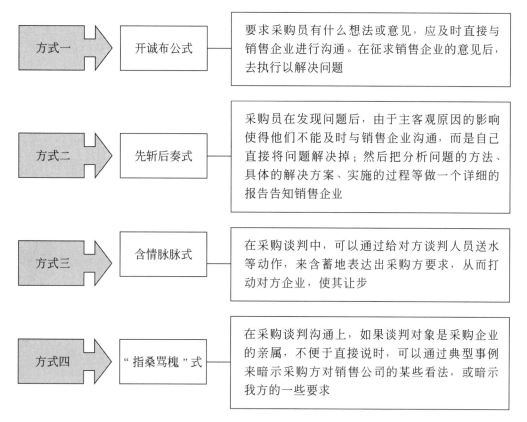

图4-15 采购谈判沟通的四种方式

### 4.4.2.2 采购谈判的沟通技巧

采购谈判的沟通技巧有如图4-16所示四种可供参考。

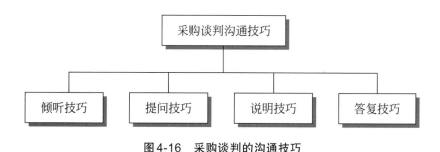

图4-16 采购谈判的沟通技巧

（1）倾听技巧

倾听技巧，在谈判时显得尤为重点。采购员在谈判时应掌握如图4-17所示倾听技巧。

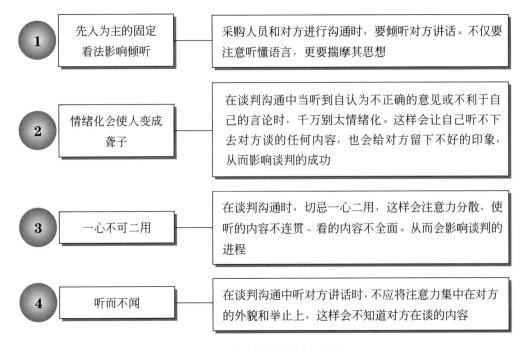

图4-17 采购谈判中的倾听技巧

（2）提问技巧

提问是进行有效口头沟通的关键工具。谈判的各个阶段意味着，为了达成协议可以提出各种类型的问题。此时采购人员可以采用如表4-4所示提问技巧。

表4-4 谈判沟通的提问技巧

| 序号 | 类型 | 内容 | 案例 |
| --- | --- | --- | --- |
| 1 | 开放型问题 | 不能直接用"是"或"不是"来回答，包括谁、是什么、为什么和什么时候 | "你为什么那样认为？" |
| 2 | 诱导型问题 | 鼓励对方给出你所希望的答案 | "你是不是更喜欢什么？" |
| 3 | 冷静型问题 | 感情色彩较低 | "降价如何影响标准？" |
| 4 | 计划型问题 | 即一方谈判者事先准备好在谈判过程中进行提问，或许这是议程的一部分 | "如果我们提出什么价格，你方会怎么考虑？" |
| 5 | 奉承型问题 | 带有奉承的色彩 | "你或许愿意与我们分享你在这方面的知识？" |
| 6 | 窗口型问题 | 询问对方的见解 | "你的看法是……" |
| 7 | 指示型问题 | 切中主题 | "价格是多少？" |
| 8 | 检验型问题 | 询问对方对某一建议的反应 | "你对此是否有兴趣？" |

（3）说服技巧

谈判时，沟通还需掌握说服的技巧。这样才更容易取得谈判的成功。其具体技巧如下。

① 讨论先易后难。

② 多向对方提出要求、传递信息、影响对方意见。

③ 强调一致、淡化差异。

④ 先谈好后谈坏。

⑤ 强调合同中有利于对方的条件。

⑥ 待讨论完赞成和反对意见后，再提出你的意见。

⑦ 说服对方时，要精心设计开头和结尾，要给对方留下深刻印象。

⑧ 结论要由你明确提出，不要让对方揣摩或自行下结论。

⑨ 多次重复某些信息和观点。

⑩ 多了解对方，以对方习惯的、能够接受的方式、逻辑去说服对方。

（4）答复技巧

答复不是容易的事，回答的每一句话，都会被对方理解为是一种承诺、都负有责任。因此采购人员在答复时应掌握如图4-18所示技巧。

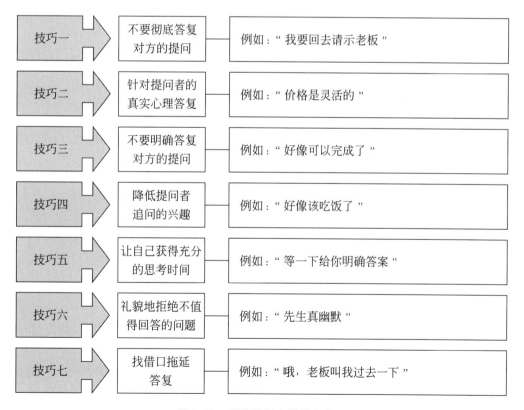

图4-18 采购谈判中的答复技巧

### 4.4.3 采购谈判的禁忌

采购谈判中有些雷区，应该尽量避免。其具体内容如下。

#### 4.4.3.1 准备不周

缺乏准备，首先无法得到对手的尊重，这样自己心理上就矮了一截；同时无法知己知彼，从而会漏洞百出、很容易被抓住马脚。

**【案例】**

小王是一家新公司新任命的采购员，仓促间被派往参与采购谈判。此时公司正在与一家制造企业洽谈配件的采购。

在谈判中，该供应商问小王，该产品的市场价格是多少。小王由于没有经过市场调查，便顺口说了公司规定的一个价格。该供应商便提出疑问："你们上次价格是××，这次怎么变成这样呢？你不会记错了吧！"

小王装出自己一副知道的样子，说："没错！就是这么多。如果你们愿意合作的话，我们可以再加一点。"供应商随即答应。

合同签署后，小王才发现该供应商在欺诈，因为上次价格更低。

#### 4.4.3.2 缺乏警觉

对供应商叙述的情况和某些词汇不够敏感，采购人员就无法抓住重点、无法迅速而充分地利用洽谈中出现的有利信息和机会。

#### 4.4.3.3 脾气暴躁

人在生气时不可能做出好的判断。盛怒之下，往往会做出不明智的决定，并且还要承担不必要的风险；同时还会给对方留下非常不好的印象，在对方的心目中形成成见，使你在日后的谈判中处于被动状态。

**【案例】**

××公司的X采购经理脾气非常暴躁，在一次采购谈判陷入僵局的时候，X采购随手将一个玻璃杯打烂。事后，参加谈判的对方人员回到公司后，便向业界同行说："××公司有暴力倾向。"这以后，××公司的采购变得困难起来，为了挽回公司形象，该经理只能被迫辞职。

### 4.4.3.4 自鸣得意

骄兵必败，原因是骄兵很容易过于暴露自己，结果让对手看清你的缺点；同时也失去了深入了解对手的机会。

另外，骄傲会令你做出不尊重对方的言行、激化对方的敌意和对立、增加不必要的矛盾，最终会增大自己谈判的困难。

### 4.4.3.5 过分谦虚

过分谦虚只会产生两个效果。

（1）可能让别人认为你缺乏自信、缺乏能力，从而失去对你的尊重。

（2）让人觉得你太世故、缺乏诚意，从而对你有戒心、产生不信任的感觉。

### 4.4.3.6 赶尽杀绝

会失去对别人的尊重，同时在关系型地区，也很有可能影响自己的职业生涯。

### 4.4.3.7 轻诺寡信

不要为了满足自己的虚荣心，越权承诺，或承诺自己没有能力做到的事情。不但使个人信誉受损，同时也影响企业的商誉。你要对自己和供应商明确这一点；为商，信誉为本，无信无以为商。

### 4.4.3.8 过分沉默

过分沉默会令对方很尴尬。采购人员往往认为供应商是有求于自己，因此，自己不需要理会对方的感受。对方若以为碰上了木头人，不知所措，也会减少信息的表达。最终无法通过充分的沟通了解更多的信息，反而让自己争取不到更好的交易条件。

### 4.4.3.9 无精打采

采购人员一天见几个供应商后就很疲劳了，但这时依然要保持职业面貌。不要冲着对方的高昂兴致泼冷水，因为这可能让自己失去很多的合作机会。

### 4.4.3.10 仓促草率

工作必须基于良好的计划管理，仓促草率的后果之一是：被供应商认为是对他的不重视，从而无法赢得对方的尊重。

#### 4.4.3.11 过分紧张

过分紧张是缺乏经验和自信的信号，通常供应商会觉得遇到了生手，好欺负，一定会好好利用这个机会。供应商会抬高谈判的底线，可能使你一开始就无法达到上司为你设定的谈判目标。

#### 4.4.3.12 贪得无厌

工作中，在合法合理的范围里，聪明的供应商总是以各种方式迎合和讨好采购人员。遵纪守法、自律廉洁是采购员的基本职业道德，也是发挥业务能力的前提。因此采购人员应当重视长期收益，而非短期利益。

#### 4.4.3.13 玩弄权术

不论是处理企业内部还是外部的关系，都应以诚实、客观的处事态度和风格来行事。玩弄权术最终受损失的是自己，因为时间会使真相暴露。

#### 4.4.3.14 泄露机密

天机不可泄露，严守商业机密是雇员职业道德中最重要的条件。应时刻保持警觉性，在业务沟通中要绝对避免暴露明确和详细的业务信息。当有事要离开谈判座位时，一定要合上资料、关掉电脑，或将资料直接带出房间。

## 4.5 采购价格谈判

采购人员谈判时，要把握好采购价格，才能让公司获利。采购人员首先应掌握以下常识。

### 4.5.1 影响采购价格的因素

影响采购价格的因素有许多，具体如图4–19所示。

| 1 采购商品的供需关系 | 当零售企业所采购的商品供过于求时，则采购方处于主动地位，通常可以获得最优惠的价格；当需要采购的商品为紧俏商品时，则供应方处于主动地位，价格可能会趁机被抬高 |
|---|---|

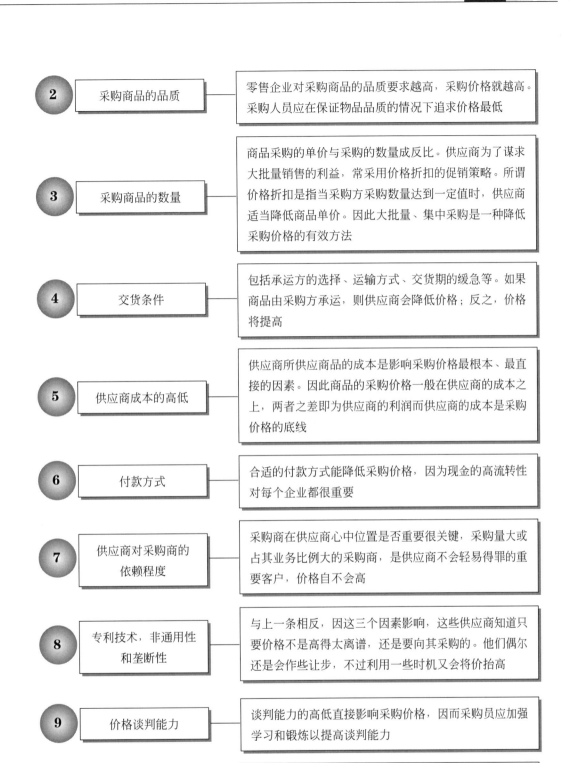

图 4-19

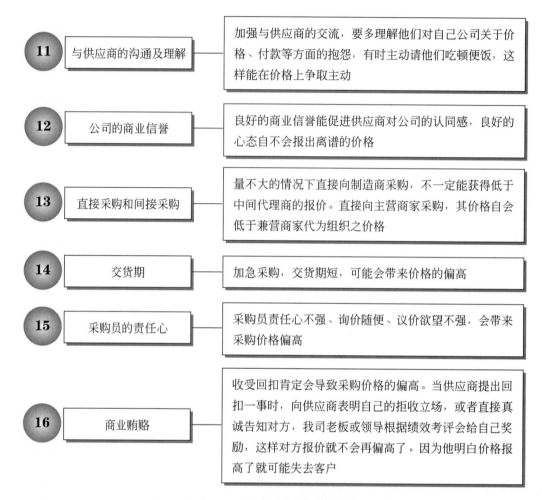

图 4-19 影响采购价格的因素

## 4.5.2 采购询价

询价（Request for Quotation）是采购人员在作业流程上的一个必要阶段。合理的询价也直接有利于采购价格谈判，在询价阶段要做好以下工作。

### 4.5.2.1 询价文件的编写

为了避免日后造成采购与供应商各说各话，以及在品质认知上的差异，对于询价时所应提供资料的准备就不能马虎。因为完整、正确的询价文件，可帮助供应商在最短的时间内提出正确、有效的报价。一个完整的询价文件至少应该包括如图 4-20 所示部分。

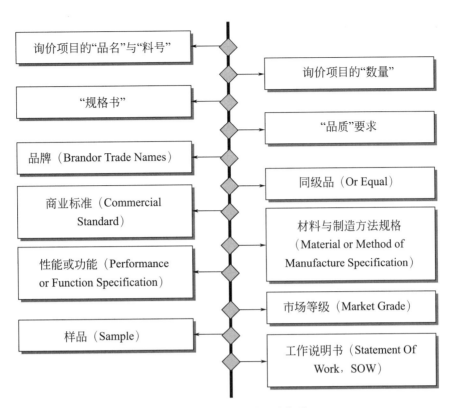

图4-20 询价文件的组成部分

（1）询价项目的"品名"与"料号"

首先，询价项目的"品名"以及"料号"是在询价单上所应必备的最基本资料。供应商必须知道如何来称呼所报价的产品，即所谓的"品名"以及其所代表的"料号"。料号中一个位数的不同可能就是版本的不同，甚至可能变成另一个产品的料号。品名的书写应尽量能从其字面上可以看出产品的特性与种类为佳。

（2）询价项目的"数量"

通常供应商在报价时都需要知道买方的需求量，这是因为采购量的多寡会影响到价格的计算。数量资讯的提供通常包括"年需求量""季需求量"甚至"月需求量"；"不同等级的需求数量"，如数量为500K、1M、3M等；每一次下单的大约"订购数量"；或产品"生命周期的总需求量"。

（3）"规格书"

规格书是一个描述采购产品品质的工具，应包括最"新版本"的工程图纸、测试规格、材料规格、样品、色板等有助于供应商报价的一切资讯。工程图纸必须是最新版本，如果图纸只能用于估价，也应一并在询价时注明。在确定规格书时须注意以下事项：

① 如为国际采购，如果原始工程图纸为英文之外的语文如德文、法文、日文等，也应附上国际通用语言英文的译名，以双语（Bilingual）形式呈现以利沟通。

② 若工程图纸可以利用电子档案方式提供，则必须向供应商询问其接受的程度，在提供时应注意以国际共通的档案格式如DWG、IGES、DXF、PRO/E等，以方便供应商转换图档。

③ 在利用电子邮件传递档案的同时，最好也同时提供一份清楚的绘在图纸上的工程图纸，以避免在档案传递时所可能发生的资料误失。

（4）"品质"要求

采购人员很难单独使用一种方式，便能完整表达出对产品或服务的品质要求，应该依照产品或服务的不同特性，综合使用数种方式来进行。

（5）品牌（Brand or Trade Names）

一般而言，使用品牌的产品对采购而言是最轻松容易的，不仅能节省采购时间、降低采购花费，同时也能降低品质检验的手续。因为只需确认产品的标示即可。不过，具有品牌的产品其价格通常也比较高，购买数量不多时，使用品牌方式采购反而比较有利。

（6）同级品（Or Equal）

是指具有能达到相同功能的产品，决定是否允许使用可替代的同级品报价也应在询价时注明。而同级品的确认使用，必须要得到使用单位的接受。

（7）商业标准（Commercial Standard）

商业标准对于产品的尺寸、材料、化学成分、制造工法等，都有一个共通的完整描述。对于一般标准零件如螺丝、螺帽、电子零组件，使用商业标准可以免除对品质上的误解。

（8）材料与制造方法规格（Material or Method of Manufacture Specification）

当对材料或制造方法有特定的要求时，必须注明其适用的标准。如果要求注明为DIN欧规时，其相对应的CNS或JIS规格也最好能予以注明。

（9）性能或功能（Performance or Function Specification）

此类型规格较常用于采购高科技产品以及供应商先期参与（Early Supplier Involvement, ESI）的情况中。供应商只被告知产品所需要达到的性能或功能，至于如何去制作方能达到要求的细节部分，则留给供应商来解决。

（10）市场等级（Market Grade）

通常用于商品如木材、农产品、烟草、食品等方面的品质要求。由于市场等级的划分界线无法很明确地被一般人所辨识，采购人员通常会被要求具有如何鉴定所购产品属于何种等级的能力。

（11）样品（Sample）

样品的提供对供应商了解买方的需求有很大的帮助，尤其是在颜色、印刷、与市场等级的要求上使用比较普遍。

(12）工作说明书（Statement Of Work，SOW）

主要使用于采购服务项目。大楼清扫、废弃物处理、工程发包等。一份完整的工作说明书除了应该简单明了外，对于所应达到的工作品质也应尽量以量化的方式，来规范其绩效的评估。

### 4.5.2.2 询价准备工作

采购人员需知的询价准备工作，如图4-21所示。

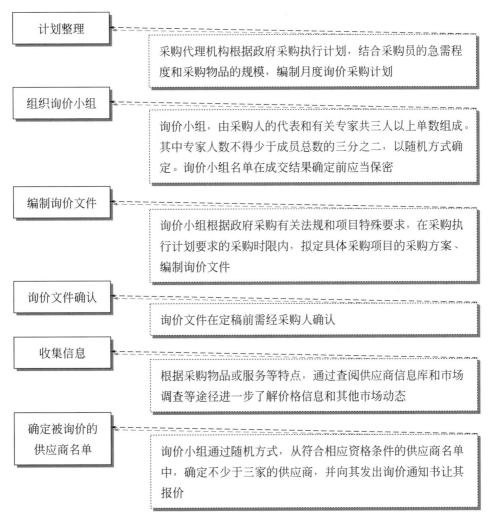

图4-21　询价的准备工作

### 4.5.2.3 询价工作步骤

采购人员需知的询价工作步骤如图4-22所示。

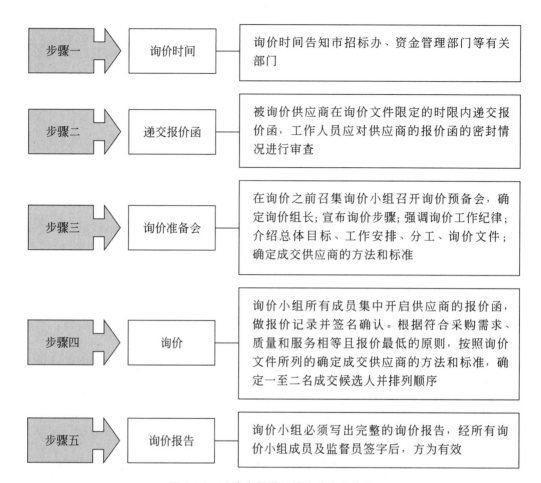

图 4-22 采购人员需知的询价工作步骤

#### 4.5.2.4 确定成交人

（1）成交人确定

采购人根据询价小组的书面谈判报告和推荐的成交候选人的排列顺序确定成交人。当确定的成交人放弃成交、因不可抗力提出不能履行合同，采购人可以依序确定其他候选人为成交人。采购人也可以授权询价小组直接确定成交人。

（2）成交通知

成交人确定后，由采购人向成交人发出《成交通知书》，同时将成交结果通知所有未成交的供应商。

（3）编写采购报告

询价小组应于询价活动结束后20日内，就询价小组组成、采购过程、采购结果等有关情况，编写采购报告。

### 4.5.2.5 询价的技巧

采购人员在询价时应注意如图4-23所示技巧。

**技巧一** 最大程度地公开询价信息

参照公开招标做法，金额较大或技术复杂的询价项目，扩大询价信息的知晓率、信息发布要保证时效性，让供应商有足够的响应时间；询价结果也应及时公布。通过公开信息从源头上减少"消息迟滞型""不速之客"现象的出现

**技巧二** 更多地邀请符合条件的供应商参加询价

被询价对象确定要由询价小组集体确定。询价小组应根据采购需求，从符合相应资格条件的供应商名单中，确定不少于三家的供应商，被询价对象的数量不能仅满足三家的要求。力求让更多的符合条件的供应商参加到询价活动中来，以增加询价竞争的激烈程度。推行网上询价、传真报价、电话询价等多种询价方式，让路途较远不便亲来现场的供应商也能参加询价

**技巧三** 实质响应的供应商并非要拘泥于"三家以上"

前来参加并对询价文件作实质响应的供应商并非要人为硬性地达到三家，但是起码要达到两家。询价采购由于项目一般较小往往让大牌供应商提不起兴趣。如果非要达到三家，询价极可能陷入"僵局"

**技巧四** 不得指定品牌采购

指定品牌询价是询价采购中的最大弊病，并由此带来操控市场价格和货源等一系列连锁反应，在询价采购中定项目、定配置、定质量、定服务而不定品牌，真正引入品牌竞争，将沉重打击陪询串标行为，让"木偶型""不速之客"绝迹于询价采购活动，让采购人真正享受到采购带来的质优价廉的好东西

**技巧五** 不单纯以价格取舍供应商

法律规定"采购人根据符合采购需求、质量和服务相等且报价最低的原则确定成交供应商"，这是询价采购成交供应商确定的基本原则。过低的价格是以牺牲可靠的产品质量和良好的售后服务为条件的，无论是采购人还是供应商都应理性地对待价格问题

图4-23 询价的技巧

## 4.5.3 供应商报价

采购人员应知晓供应商报价的分类,才能在供应商报价时做到心中有数。其具体分类如下。

#### 4.5.3.1 按采购诱因分类

供应商接到询价单后,会作出报价。报价可以说是采购行动的第一步。就采购诱因的观点来看,有供应商主动报价的;有因顾客需求企业主动寻求报价的;也有因企业本身商品结构的需要而寻求报价的。因此,我们可将报价归纳为主动报价及被动报价两种情况。

企业采购人员应有主动出击寻求质优价廉的供应来源的能力与意愿。因此,企业设计采购制度时,应预留一点弹性空间,让采购人员发挥,千万别过分限制。这样才能制定出良好且健全的采购标准。

#### 4.5.3.2 按途径分类

按途径划分,报价主要有如图4-24所示两种。

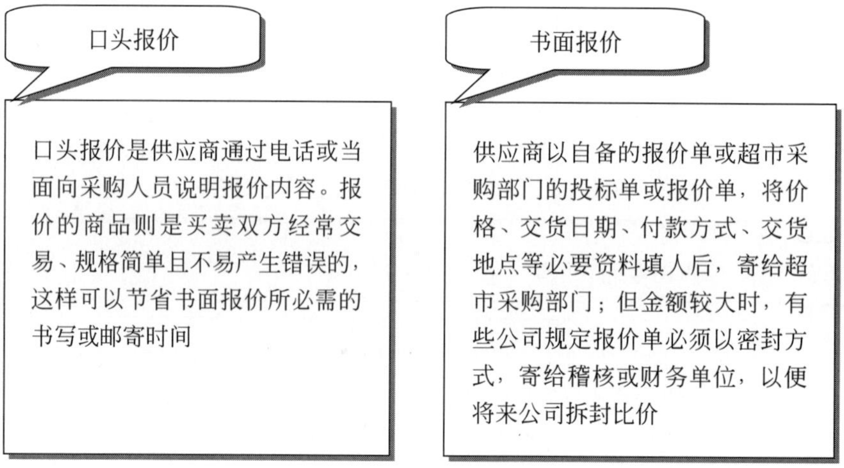

**口头报价**

口头报价是供应商通过电话或当面向采购人员说明报价内容。报价的商品则是买卖双方经常交易、规格简单且不易产生错误的,这样可以节省书面报价所必需的书写或邮寄时间

**书面报价**

供应商以自备的报价单或超市采购部门的投标单或报价单,将价格、交货日期、付款方式、交货地点等必要资料填入后,寄给超市采购部门;但金额较大时,有些公司规定报价单必须以密封方式,寄给稽核或财务单位,以便将来公司拆封比价

图4-24 报价的途径分类

#### 4.5.3.3 按供应商报价的内容分类

若以供应商报价的内容划分,报价可分为以下两类。

(1)确定报价

这种报价是在一定期限内有效的报价。法律上视为确定要约。在报价有效期内,一旦对方提出接受即"承诺",买卖双方的交易行为即告成立。因此发出确定报价的各项条件也即成为日后契约的主要条款。

确定报价是国际贸易间最普遍的一种报价。逾期对方不发接受（承诺）通知，即告失效；但对方接受时，若附有条件，也就是对原有报价部分条件进行变更，则原有"确定报价"自动失效，又成为一种新的要约。

（2）不确定报价

不确定性报价，也被称附有条件的报价（conditionaloffer）。这种报价，法律上称为不确定要约。其形态十分复杂，具体又分为如图4-25所示几种。

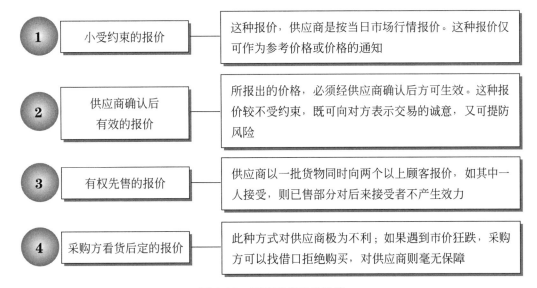

图4-25　不确定报价的种类

## 4.5.4　价格确定

通常采购基本是遵照质量第一、服务第二、价格第三、其余第四的方法。价格确定是采购谈判的一个核心，也是采购谈判中最活跃的因素。通常在采购谈判中有如图4-26所示11种价格确定方法。

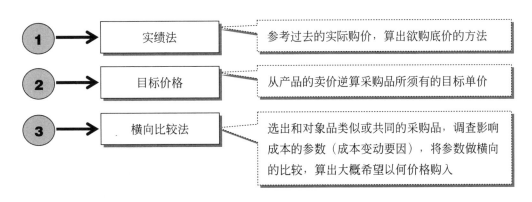

图4-26

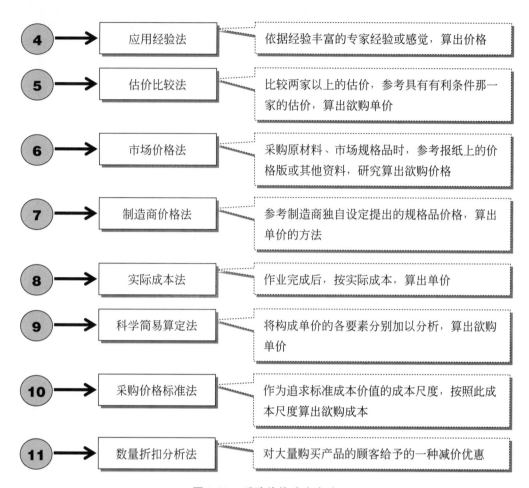

图 4-26　采购价格确定方法

## 4.6　采购压价技巧

采购价格谈判是采购人员与供应商业务人员讨价还价的过程。对于采购人员来说，是想办法压价的过程；而对于业务员来说，是固守报价的过程。而采购员在压价时应掌握如图 4-27 所示技巧。

图 4-27　采购员在压价时应掌握的技巧

## 4.6.1 还价技巧

采购员谈判中还价技巧如图4-28所示。

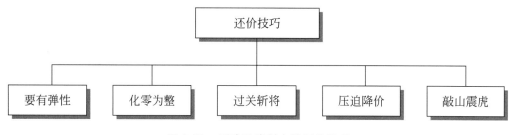

图4-28 采购员谈判中的还价技巧

### 4.6.1.1 要有弹性

在价格谈判中,还价要讲究弹性。对于采购人员来说,切忌漫天还价,乱还价格;也不要一开始就还出了最低价。前者让人觉得是在"光天化日下抢劫",而后者却因失去弹性而处于被动,让人觉得有欠精明,从而使价格谈判毫无进行的余地。

### 4.6.1.2 化零为整

采购人员在还价时可以将价格集中,化零为整。这样可以在供应商心理上造成相对的价格昂贵感,会比用小数目进行报价获得更好的交易。

这种报价方式的主要内容是换算成大单位的价格,加大计量单位。如:将"公斤"改为"吨","两"改为"公斤";"月"改为"年";"日"改为"月";"小时"改为"天";"秒"改为"小时"等。

### 4.6.1.3 过关斩将

所谓"过关斩将",即采购人员应善用上级主管的议价能力。通常供应商不会自动降价,采购人员必须据理力争。但是,供应商的降价意愿与幅度,视议价的对象而定。因此,如果采购人员对议价的结果不太满意,此时应要求上级主管来和供应商议价。当买方提高议价者的层次,卖方有受到敬重的感觉,可能同意提高降价的幅度。

若采购金额巨大,采购人员甚至可进而请求更高层的主管(如采购经理,甚至副总经理或总经理)邀约卖方的业务主管(如业务经理等)面谈,或由买方的高层主管与对方的高层主管直接对话,此举通常效果不错。因为,高层主管不但议价技巧与谈判能力高超,且社会关系及地位较高,甚至与卖方的经营者有相互投资或事业合作的关系。因此,通常只要招呼一声,就可获得令人料想不到的议价效果。

#### 4.6.1.4 压迫降价

所谓压迫降价，是买方占优势的情况下，以胁迫的方式要求供应商降低价格，并不征询供应商的意见。这通常是在卖方处于产品销路欠佳或竞争十分激烈，以致发生亏损和利润微薄的情况下，为改善其获利能力而使出的杀手锏。

此时采购人员通常遵照公司的紧急措施，通知供应商自特定日期起降价若干；若原来供应商缺乏配合意愿，即行更换供应来源。当然，此种激烈的降价手段，会破坏供需双方的和谐关系；当市场好转时，原来委曲求全的供应商，不是"以牙还牙"抬高售价，就是另谋发展。因此供需关系难能维持良久。

#### 4.6.1.5 敲山震虎

在价格谈判中，巧妙地暗示对方存在的危机，可以迫使对方降价。

通过暗示对方不利的因素，从而使对方在价格问题上处于被动，有利于自己提出的价格获得认同。这就是这种还价法的技巧所在。但必须"点到为止"，而且要给人一种"雪中送炭"的感觉，让供应商觉得并非幸灾乐祸、趁火打劫，而是真心诚意地想合作、想给予帮助——当然这是有利于双方的帮助，那么还价也就天经地义了。

### 4.6.2 杀价技巧

采购谈判中的杀价技巧如图4-29所示。

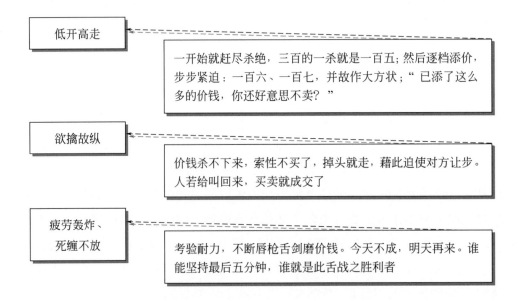

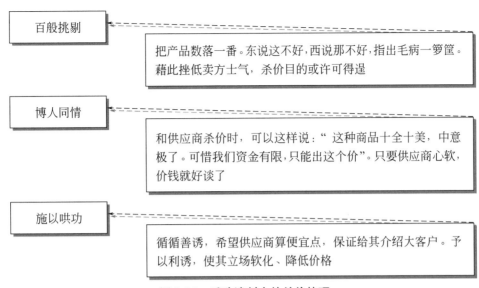

图 4-29　采购谈判中的杀价技巧

### 4.6.3　让步技巧

采购人员应知的让步的技巧具体如下。

（1）谨慎让步，要让对方意识到你的每一次让步都是艰难的，使对方充满期待；并且每次让步的幅度不能过大。

（2）尽量迫使对方在关键问题上先行让步，而本方则在对手的强烈要求下，在次要方面或者较小的问题上让步。

（3）不做无谓的让步，每次让步都需要对方用一定的条件交换。

（4）了解对手的真实状况，在对方急需的条件上坚守阵地。

（5）事前做好让步的计划，所有的让步应该是有序的。并将具有实际价值和没有实际价值的条件区别开来，在不同的阶段和条件下使用。

### 4.6.4　讨价还价技巧

采购人员需知的讨价还价技巧如图4-30所示。

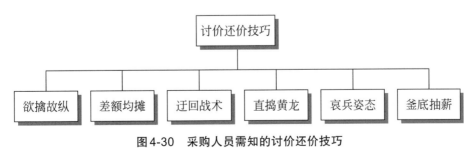

图 4-30　采购人员需知的讨价还价技巧

#### 4.6.4.1 欲擒故纵

由于买卖双方势力均衡,任何一方无法以力取胜,因此必须斗智。采购人员应该设法掩藏购买的意愿,不要明显表露非买不可的心态;否则若被供应商识破非买不可的处境,将使采购人员处于劣势。

所以,此时采购人员应采取"若即若离"的姿态,从试探性的询价着手。若能判断供应商有强烈的销售意愿,再要求更低的价格,并作出不答应即放弃或另行寻求其他来源的表现。通常,若采购人员出价太低,供应商无销售之意愿,则不会要求采购人员加价;若供应商虽想销售,但利润太低,即要求采购人员酌情加价。此时,采购人员的需求若相当急迫,应可同意略加价格,迅速成交;若采购人员并非迫切需求,可表明绝不加价之意思,供应商则极有可能同意买方的低价要求。

#### 4.6.4.2 差额均摊

由于买卖双方议价的结果存在着差距。若双方各不相让,则交易告吹:采购人员无法取得必需的商品,供应商丧失了获取利润的机会。因此,为了促成双方的成功交易,最好的方式就是采取"中庸"之道,即双方议价的差额,各承担一半。

#### 4.6.4.3 迂回战术

在供应商占优势时,正面议价通常效果不好,此时采取迂回战术才能奏效。

> 【案例】
>
> 某超市在本地之总代理购入某项化妆品,发现价格竟比同业某公司的购入价贵。因此超市总经理要求总代理说明原委,并比照售予同业的价格。未料总代理未能解释其中道理,也不愿意降价。因此,采购人员就委托其国的某贸易商,先行在该国购入该项化妆品,再转运至超市。因为总代理的利润偏高,此种转运安排虽然费用增加,但总成本还是比通过总代理购入的价格便宜。

当然,此种迂回战术是否成功,有赖于运转工作是否可行。有些原厂限制货品越区销售,则迂回战术之执行就有困难。

#### 4.6.4.4 直捣黄龙

有些单一来源的总代理商,对采购人员的议价要求置之不理,一副"姜太公钓鱼,愿者上钩"的姿态,使采购人员有被侮辱的感觉。此时,若能摆脱总代理商,寻求原制造商的报价将是良策。

【案例】

某超市拟购一批健身器材,经总代理商报价后,虽然三番两次应邀前来议价,但总代理商却总是推三阻四,不切入主题。后来,采购人员查阅产品目录时,随即发送要求降价12%的传真给原厂。事实上其只是存着姑且一试的心理。不料次日原厂回电同意降价,采购人员雀跃不已、欣喜若狂。

从上述的事例可以看出,采购人员对所谓的总代理应在议价的过程中辨认其虚实。因为有些供应商自称为总代理,事实上,并未与国外原厂签订任何合约或协议,只想借总代理之名义自抬身价,获取超额利润。因此,当采购人员向国外原厂询价时,多半会获得回音。但是,在产、销分离制度相当严谨的国家,如日本,则迂回战术就不得其门而入。因为原厂通常会把询价单转交当地的代理商,不会自行报价。

#### 4.6.4.5 哀兵姿态

在居于劣势情况下,采购人员应以"哀兵"姿态争取供应商的同情与支持。由于采购人员没有能力与供应商议价,有时会以预算不足作借口,请求供应商同意在其有限的费用下,勉为其难地将货品卖给他,而达到减价的目的。

一方面采购人员必须施展"动之以情"的议价功夫;另一方面则口头承诺将来"感恩图报",换取供应商"来日方长"的打算。此时,若供应商并非血本无归,只是削减原本过高的利润,则双方可能成交;若采购人员的预算距离供应商的底价太远,供应商将因无利可图,不为采购人员的诉求所动。

#### 4.6.4.6 釜底抽薪

为了避免供应商处于优势时攫取暴利,采购人员应同意让供应商有"合理"的利润,否则胡乱杀价,仍然给予供应商可乘之机。因此,通常采购人员应要求供应商提供其所有成本资料。对国外货品而言,则请总代理商提供一切进口单据,籍以查核真实的成本,然后加计合理的利润作为采购的价格。

### 4.6.5 直接议价技巧

即使面临通货膨胀、物价上涨的时候,直接议价仍能达到降低价格的功能。因此在议价协商的过程中，采购人员可以用直接议价的方式进行谈判。其具体技巧有如图4-31所示四种。

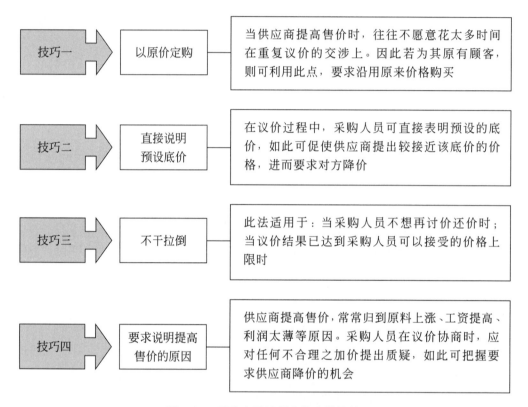

图4-31　采购人员谈判中的直接议价

## 4.6.6　间接议价技巧

### 4.6.6.1　针对价格的议价技巧

在议价的过程中，也可以以间接方式进行议价。采购人员可用如图4-32所列三种技巧来进行协商。

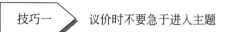

议价时不要急于进入主题

在开始商谈时，最好先谈一些不相关的话题，藉此熟悉对方周围事物，并使双方放松心情，再慢慢引入主题

| 技巧二 | 运用"低姿势" |

在议价协商时,对供应商所提之价格,尽量表示困难,多说"唉!""没办法!"等字眼,以低姿势博取对方同情

| 技巧三 | 尽量避免书信或电话议价,而要求面对面商谈 |

面对面的商谈,沟通效果较佳,往往可藉肢体语言、表情来说服对方,进而要求对方妥协,予以降价

图 4-32 针对价格因素的议价技巧

#### 4.6.6.2 针对非价格因素的议价技巧

在进行议价协商的过程中,除了上述针对价格所提出的议价技巧外,采购人员亦可利用其他非价格的因素来进行议价。其具体技巧如下所述。

(1)在协商议价中要求供应商分担售后服务及其他费用

当供应商决定提高售价,而不愿有所变动时,采购人员不应放弃谈判,而可改变议价方针,针对其他非价格部分要求获得补偿。最明显的例子便是要求供应商提供售后服务,如大件家电的维修、送货等。

在一般的交易中,供应商通常将维修送货成本加于售价中,因此常使采购人员忽略此项成本。所以在供应商执意提高售价时,采购人员可要求供应商负担所有维修送货成本,而不将此项成本进行转嫁。如此也能间接达到议价功能。

(2)善用"妥协"技巧

在供应商价格居高不下时,采购人员若坚持继续协商,往往不能达到效果。此时可采取妥协技巧,对少部分不重要的细节,可做适当让步,再从妥协中要求对方回馈。如此亦可间接达到议价功能。但妥协技巧的使用须注意。

① 一次只能做一点点的妥协,如此才能留有再妥协的余地。

② 妥协时马上要求对方给予回馈补偿。

③ 即使赞同对方所提的意见,亦不要答应太快。

④ 记录每次妥协的地方,以供参考。

(3)利用专注的倾听和温和的态度,博得对方好感

采购人员在协商过程中,应仔细地倾听对方的说明,在争取权益时,可利用所获对方资料或法规章程进行合理的谈判。即"说之以理动之以情,绳之以法"。

# 第 5 章 采购订单处理与跟进

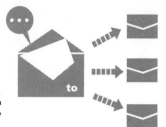

**引言** 采购订单伴随着订单和物品的流动贯穿了整个采购过程。订单的目的是实施订单计划,从采购环境中购买物品项目,为生产过程输送合格的原材料和配件,同时对供应商群体绩效表现进行评价和反馈。

## 5.1 制作并发出采购订单

### 5.1.1 请购的确认

#### 5.1.1.1 确认需求

确认需求就是在采购作业之前,应先确定购买哪些物品、买多少、何时买、由谁决定等,这是采购活动的起点。

(1)发出采购需求的部门

采购需求的提出往往是以请购单的形式。通常,请购单都是由如图5-1所列人员或部门提出的。

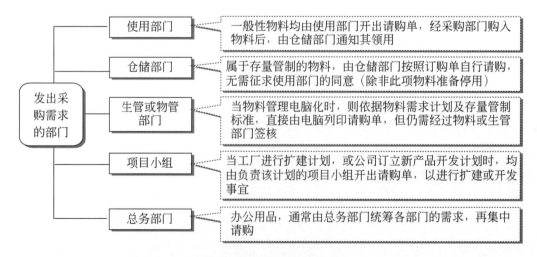

图 5-1 发出采购需求的部门

为避免发生采购标的与请购需求不能完全符合，应注意如图5-2所列事项。

**要求一　适当的请购人**

请购所需求的内容，由使用部门或统筹管理的部门填写。由这些部门提出请购，最能正确表达各项需求的内容与附属条件

**要求二　以书面的方式提出**

物料的采购，有时牵涉相当复杂的内容，若仅以口头方式提出要求，不但容易发生沟通上的错误，将来在验收时若与实际的需求发生差距时，因"口说无凭"，双方也会发生纷争。因此，以"请购单"详载所需物料的名称、规格、料号、数量、需要日期等内容，可使请购的诉求趋于明确与周全

**要求三　确定需求的内容**

即确实表明物料品质上的一些条件，包括物料的成分、尺寸、形状、强度、精密度、耗损率、不良率、色泽、操作方式、维护等各种特性

**要求四　以规格表明示需求的水准**

需用部门对品质的要求水准可以用规格表明示。以规格表明示品质的形态极多，包括厂牌或商标、形状或尺度、化学成分或物理特性、生产方式或制作方法、市场等级、标准规格、样品、蓝图或规范、性能或效果、用途等

**要求五　盘算预算**

需求的内容及水准常与请购人的预算有密切关系，因此，在提出请购之前，必须先就支付能力与愿意承受代价的上下限加以盘算，以免请购内容超出预算

图5-2　提出采购申请的要求

（2）采购需求发出的原因及流程

任何采购都产生于企业中某个部门的确切的需求。生产或使用部门的人应该清楚地知道本部门独特的需求：需要什么、需要多少、何时需要。这样，仓储部门会收到这个部门发出的物品需求单，经汇总后，将物品需求信息传递给采购部门（见图5-3）；有时，这类需求也可以由其他部门的富余物品来满足。当然，或迟或早企业必然要进行新的物品采购，因此采购部门必须有通畅的渠道，从而能及时发现物品需求信息。

图5-3 采购常规流程

同时，采购部门应协助生产部门一起来预测物品需求。采购管理人员不仅应要求需求部门在填写请购单时尽可能地采用标准化格式，尽量少发特殊订单，而且应督促其尽早地预测需求以避免太多的紧急订单，从而减少因特殊订单和紧急订货而增加的采购成本。

另外，由于了解价格趋势和总的市场情况，有时为了避免供应中断或价格上涨，采购部门必然会发出一些期货订单。这意味着对于任何标准化的采购项目，采购部门都要把正常供货提前期或其他的主要变化通知使用部门，从而使其对物品需求作出预测。因此要求采购部门和供应商能早期介入（通常作为新产品开发团队的一个成员）。因为采购部门和供应商早期介入会给企业带来许多有用信息和帮助，从而使企业避免风险或降低成本，加速产品推向市场的速度，并能带来更大的竞争优势。

#### 5.1.1.2 制定需求说明

需求说明就是在确认需求之后，对需求的细节如品质、包装、售后服务、运输及检验方式等，都要加以准确说明和描述。采购需求说明书如表5-1所示。采购主管如果不了解使用部门到底需要什么，就不可能进行采购。出于这个目的，采购部门就必须对所申请采购物品的品名、规格、型号等有一个准确的说明。如果你对申请采购的产品不熟悉，或关于请购事项的描述不够准确，应该向请购者或采购团队进行咨询，而不能单方面想当然地处理。

表5-1 采购需求说明书

| 序号 | 名称 | 规格型号 | 单位 | 数量 | 品质 | 包装 | 售后服务 | 运输及检验方式 |
|---|---|---|---|---|---|---|---|---|
|  |  |  |  |  |  |  |  |  |
|  |  |  |  |  |  |  |  |  |
|  |  |  |  |  |  |  |  |  |
|  |  |  |  |  |  |  |  |  |
|  |  |  |  |  |  |  |  |  |
|  |  |  |  |  |  |  |  |  |

### 5.1.1.3　审核采购申请单

由于在具体的规格要求交给供应商之前，采购部门是能见到它的最后一个部门。因而采购部门需要对其最后检查一次。采购申请单应该包括以下内容。

（1）日期。

（2）编号（以便于区分）。

（3）采购申请的发出部门。

（4）涉及的金额。

（5）对于所需物品本身的完整描述以及所需数量。

（6）物品需要的日期。

（7）任何特殊的发送说明。

（8）授权申请人的签字。

以下提供两份采购申请单的范本供参考。

【范本1】　采购申请单

采购申请单

编号：　　　　　　申请部门：　　　　　　　　　　　　　年　　月　　日

| 序号 | 物品名称 | 规格型号 | 数量 | 估计价格 | 用途 | 需用日期 | 备注 |
|------|----------|----------|------|----------|------|----------|------|
|      |          |          |      |          |      |          |      |
|      |          |          |      |          |      |          |      |
|      |          |          |      |          |      |          |      |
|      |          |          |      |          |      |          |      |
|      |          |          |      |          |      |          |      |
|      |          |          |      |          |      |          |      |
|      |          |          |      |          |      |          |      |
|      |          |          |      |          |      |          |      |

申请人：　　　　　　申请部门经理：　　　　　　批准人：

　　注：本单一式三联，第一联申请部门留存，第二联交采购部，第三联交仓库。备注栏须注明预算内、外。

【范本2】 采购申请单

## 采购申请单

| 申请部门： | | 申请单号： | |
|---|---|---|---|
| 申请单接收日期： | | 需求日期： | |
| 推荐的供应商： | | | |
| 申请原因：我部门PACK组制作样品订单所需 | | | |
| 技术要求：请按照提供的规格及厂家购买（质量好、便于操作、使用时间长） | | | |

| 序号 | 物品名称 | 型号规格 | 数量 | 单位 | 物料编码 | 预算金额 |
|---|---|---|---|---|---|---|
| 1 | | | | | | |
| 2 | | | | | | |
| 3 | | | | | | |
| 4 | | | | | | |
| 5 | | | | | | |
| 6 | | | | | | |

| 申请人（签名&日期） | 部门领导（签名&日期） | 总经理（签名&日期） |
|---|---|---|

## 5.1.2 采购订单准备

采购人员在接到审核确认的请购单之后，不要立即向供应商下达订单，而是先要进行以下订单准备工作，如图5-4所示。

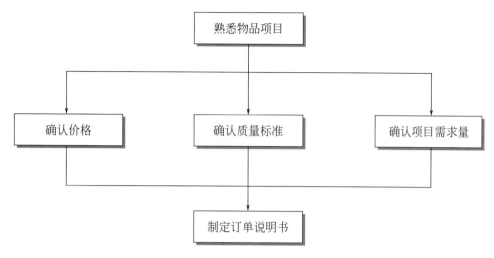

图5-4 订单准备流程示意图

该流程说明如表5-2所示。

表5-2 订单准备流程说明

| 序号 | 准备事项 | 具体要求 |
|---|---|---|
| 1 | 熟悉物品项目 | 首先应熟悉订单计划。因为订单上采购的物品种类有时可能很多,有时可能是从来没有采购过的物品项目,对其采购环境不一定熟悉。这就需要采购人员花时间去了解物品项目的技术资料等 |
| 2 | 确认价格 | 由于采购环境的变化,作为采购人员应对采购最终的价格负责。订单人员有义务向采购环节(供应商群体)价格最低的供应商下达订单合同,以维护采购部门的最大利益 |
| 3 | 确认质量标准 | 采购人员与供应商的日常接触较多,由于供应商实力的变化,对于前一订单的质量标准是否需要调整,采购人员应随时掌握 |
| 4 | 确认物料需求量 | 订单计划的需求量应等于或小于采购环境订单容量(经验丰富的采购人员即使不查询系统也能知道),如果大于订单容量则应提醒认证人员扩展采购环境容量;另外,对计划人员的错误操作,采购人员应及时提出。以保证订单计划的需求量与采购环境订单容量相匹配 |
| 5 | 制定订单说明书 | 订单说明书的主要内容包括说明书(项目名称、确认的价格、确认的质量标准、确认的需求量、是否需要扩展采购环境容量等方面);另附有必要的图纸、技术规范、检验标准等 |

## 5.1.3 选择本次采购的供应商

订单准备工作完毕后,采购人员的下一步工作就是最终确定本次采购活动的供应商。而确定本次具体采购活动的供应商,应做好如图5-5所示工作。

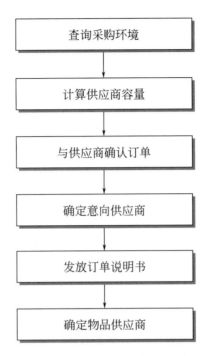

图 5-5　本次采购活动供应商选择流程图

#### 5.1.3.1　查询采购环境

采购人员在完成订单的准备工作后，要查询采购环境信息系统，以寻找适应本次物品供应的供应商。认证环节结束后会形成公司物品项目的采购环境，用于订单操作。对于小规模的采购，采购环境可能记录在认证报告文档上；对于大规模的采购，采购环境则使用信息系统来管理。一般来说，一项物品应有3家以上的供应商，特殊情况下也可以出现一家供应商，即独家供应商。

#### 5.1.3.2　计算供应商容量

如果向一个容量已经饱和的供应商下单，那么订单很难被正常执行，最后会导致订单操作的失败。因此，作为经验丰富的采购人员，首先要计算一下采购环境中供应商的容量，哪些是饱和的，哪些有空余容量。如果全部饱和，请立即通知相关认证人员，并对其进行紧急处理。

#### 5.1.3.3　与供应商确认订单

从主观上对供应商的了解需要得到供应商的确认，供应商组织结构的调整、设备的变化、厂房的扩建等都影响供应商的订单容量；有时需要进行实地考察，尤其要注意谎报订单容量的供应商。

#### 5.1.3.4 确定意向供应商

采购人员在权衡利弊（既考虑原定的订单分配比例，又要考虑现实容量情况）后可以初步确定意向供应商，以便确定本次订单由哪一家供应商供应，这是订单操作实质性进展的一步。

#### 5.1.3.5 发放订单说明书

既然是意向，就应该向供应商发放相关技术资料。一般来说，采购环境中的供应商应具备已通过认证的物品生产工艺文件。如果是这样，订单说明书就不要包括额外的技术资料。供应商在接到技术资料并对其分析后，即会向采购人员作出"接单"还是"不接单"的答复。

#### 5.1.3.6 确定物品供应商

通过以上过程，就可以决定本次订单计划所投向的供应商，必要时可上报经理审批。因为供应商可以是一家，也可以是若干家。

### 5.1.4 与供应商签订采购订单

在选定供应商之后，接下来要做的工作就是同供应商签订正式的采购订单。而采购订单根据采购物品的要求、供应的情况、企业本身的管理要求、采购方针等要求的不同而各不相同。签订采购订单一般需要经过以下过程。

#### 5.1.4.1 制作订单

对于拥有采购信息管理系统的企业，你可直接在信息系统中生成订单；在其他情况下，则需要订单制作者自选编排打印。企业通常都有固定标准的订单格式，而且这种格式是供应商认可的，你只需在标准合同中填写相关参数（物品名称代码、单位、数量、单价、总价、交货期等）及一些特殊说明书后，即可完成制作合同操作。

> **提醒您：**
>
> 价格及质量标准是认证人员在认证活动中的输出结果，已经存放在采购环境中，采购人员的操作对象是物品的下单数量及交货日期。特殊情况下可以向认证人员建议修改价格和质量标准。

国外采购的双方沟通不易，因此订购单成为确认交易必需的工具。当采购单位决定采购对象后，通常会寄发订购单给供应商，作为双方将来交货、验货、付款的依据。国内采购可依情况决定是否给予供应商订单。由于采购部门签发订购单后，有时并未要求供应商签署并寄回，形成买方对卖方的单向承诺，实属不利。但订购单能敦促卖方按时交货，甚至有可获得融资的便利。

订购单内容应特别侧重交易条件、交货日期、运输方式、单价、付款方式等方面。根据用途不同，订购单可分为：厂商联（第一联），作为厂商交货时的凭证；回执联（第二联），由厂商签认后寄回；物品联（第三联），作为控制存量及验收的参考；请款联（第四联），可取代验收单；承办联（第五联），制发订购单的单位自存。

以下提供一份订购单供参考。

**【范本3】　采购订单**

采购订单

公司地址：　　　　　电　话：　　　　　传　真：
供应商名称：　　　　电　话：　　　　　订单编号：
供应商代码：　　　　传　真：　　　　　订单日期：
交货方式：　□送货　□自提　　联系人：　　　材料大类：
交货地址：

| 材料编码 | 名称 | 规格 | 品牌 | 单位 | 数量 | 合同号 | 交货期 | 单价 | 总价 | 备注 |
|---|---|---|---|---|---|---|---|---|---|---|
|  |  |  |  |  |  |  |  |  |  |  |
|  |  |  |  |  |  |  |  |  |  |  |
| 合 | 计 |  |  |  |  |  |  |  |  |  |

质量和技术要求：提供产品合格证书和使用说明书。　　税前总额：　　　　元
　　　　　　　　　　　　　　　　　　　　　　　　　税　额：　　　　　元
　　　　　　　　　　　　　　　　　　　　　　　　　税后合计：　　　　元

付款方式：□现金　□支票　□汇款　□协议　□其他
其他事宜：1、同批产品不合格品超过　　%时，卖方承担该批货款　　%作为违约金；
　　　　　2、卖方不按期交货，每天按迟交货部分货价的1.5%补偿买方；
　　　　　3、卖方不能以任何形式给予本公司人员好处，违反者按当年全部供货额的15%支付违约金；
　　　　　4、解决纠纷的方式：双方友好协商，协商不成，在违约方对方所在地仲裁。

| 计划员 | 采购员 | 物资部长审核 |
|---|---|---|
|  |  |  |

以下由供应商填写：

| 供应商确认 | 请确认后回传至：<br>（电话号码），谢谢！ | 注：供应商接到本订单后，对上述商品内容及交货日期进行确认，并签字回传；如有异议，请在24小时内提出反馈，逾期卖方虽未签字但表示已确认。 |
|---|---|---|

注：买卖双方对本订单有任何改动或附加条款时，必须以书面形式通知双方，确认后方为有效。

### 5.1.4.2 审批订单

审批订单是订单操作的重要环节,一般由专职人员负责。其主要审查内容如图5-6所示。

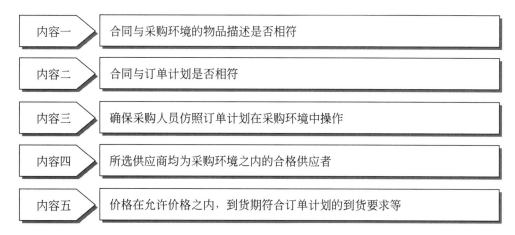

图5-6 审查内容

### 5.1.4.3 与供应商签订订单

经过审批的订单,即可传至供应商确定并盖章签字。签订订单的方式有如图5-7所示4种。

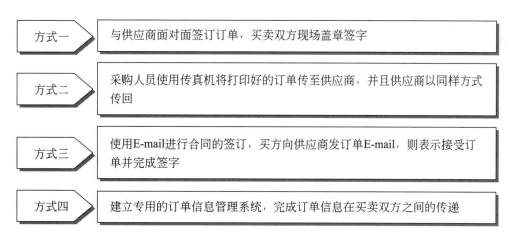

图5-7 签订订单的方式

### 5.1.4.4 执行订单

在完成订单签订之后,即转入订单的执行时期。加工型供应商要进行备料、加工、组装、调试等过程;存货型供应商只需从库房中调集相关产品并作适当处理,即可送往买家。

## 5.1.5 小额请购的处理

小额请购是采购人员在请购阶段常会面临的问题之一。

依照80/20法则（柏拉图原理），就采购而言，80%的请购单只占采购总金额的20%。换句话说，小额请购占用了绝大多数采购作业的人力，而解决之道在于降低小额请购的批次。通常，采购人员可采取如图5-8所示方法，解决小量请购问题。

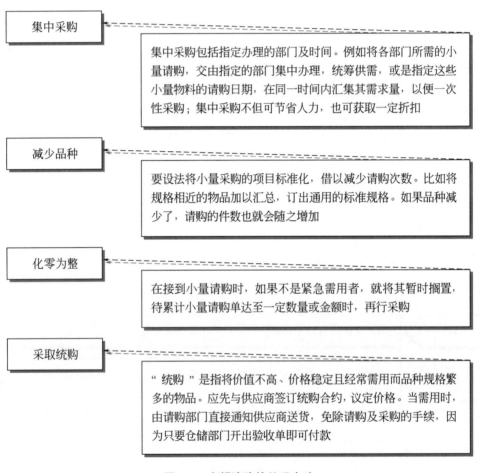

图5-8 小额请购的处理方法

## 5.1.6 紧急订单的处理

通常，采购部门会收到很多标注着"紧急"字样的订单。

### 5.1.6.1 紧急订单出现的原因

紧急订单的出现不可避免，也有其存在的理由（见图5-9）。款式和设计上的突然改变以及市场状况的突然变化都会使精心规划的物料需求不再适用。如果实际所需的部件或物料没有库存，那么生产的中断就不可避免。

**存货管制失误** ← 由于实际库存数量与账上数量不符，领用时才发现缺料；另外，有时库存数量虽充足，但品质有瑕疵，因而无法使用，都必须紧急请购以补充

**生产计划不当** ← 预测的准确与否会影响生产计划能否顺利执行。若销售预测发生偏差，生产计划就必须加以修改。当追加销售数量或插入紧急订单时，该项产品的原材料若没有足够库存，必将发生紧急请购；另外，在制订生产计划时，只依据外售数量安排原材料需求量，忽略了自用数量，也会发生紧急请购

**错失采购时机** ← 由于采购人员对原材料的供应来源及时机未能正确地掌握，也会发生紧急请购。
①就来源而言，未能掌握供应商状况，当其未依约交货时，必须紧急转向其他来源采购。
②就时机而言，当发现来源渐趋短绌，就应紧急提高请购数量，以备将来不时之需。
③有时因为采购人员与供应商议价时日耗费太久，导致购运时间不足，也会发生紧急采购

**请购的延误** ← 由于物料控制系统或人员的失误，未能及时开出请购单，致使库存已消耗殆尽才发觉，因此必须紧急请购；有时则因为请购的规格无法确认或预算不足，一再磋商或拖延，也会发生紧急请购

图 5-9　紧急订单出现的原因

紧急订单引发的代价通常较大，而且也会给供应商带来负担，而这必然会直接或间接地体现在买方最后的支出价格之中。

#### 5.1.6.2　紧急订单的解决办法

紧急请购将会造成品质降低、价格偏高等损失，因此应做好存货管制、生产计划，

并正确掌握请购及采购时机，以避免负担产销上的额外成本。

但对于那些并不是出于紧急需要的所谓"紧急"订单而言，可以通过正确的采购流程方面的教育加以解决。例如在一家企业，如果某一个部门发出了紧急订单，这个部门必须向总经理作出解释并需得到批准。而且，即使这一申请得到批准，紧急采购所增加的成本在确定之后也要由发出订单的部门来承担，其结果自然是紧急订单的大量减少。

## 5.1.7 采购订单的传递和归档

### 5.1.7.1 采购订单的传递路径

个别企业在采购订单一式几份方面以及如何处理这些不同副本方面各不相同。典型情况下，采购订单的可能传递路径如图5-10所示。

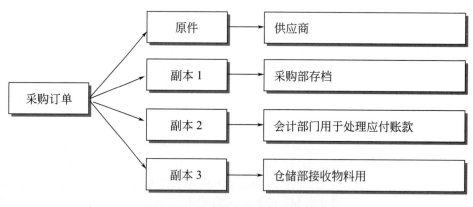

图5-10 采购订单的可能传递路径

具体方式可能如下。

原件发往供应商，有时随单附一份副本以便供应商返回作为其接受合同的证明；一份副本归入按顺序编号的采购订单卷宗中由采购部门保管。

有些公司里，采购部门不保存采购订单的副本，他们把采购订单拍照后，用缩微胶片的形式进行保存；另一副本则由供应商保管。

会计部门也会收到一份订单副本，以便于处理应付账款。

一份副本发往仓储部门，便于其为接收物料作准备。

如果公司组织结构把收货和仓储两个职能分开处理，收货部门也会收到一份副本。

这些副本将按照供应商名称的字母顺序进行归档，并用于记录货物到达后真正收到的数量。如果收到的物料还要经过检验（通常原材料和生产部件需要检验）的话，也要送一份副本到检验部门。

> **提醒您：**
>
> 尽管采购订单的所有副本内容上都是相同的，并且是同时填写的。但是，这并不意味着它们在形式上也必须一模一样。例如，供应商的接受函上可能包含有其他副本不必列出的表明其接受意见的条款。填写收货方面的各项数据仅仅是收货部门对订单副本的要求。采购部门的订单副本则可能要求列出发货承诺、发票以及运输等方面的条款。由于价格的保密性，一般而言它不会出现在收货部门的副本上。

#### 5.1.7.2 采购订单的保存

不管采购订单以何种方式加以保存，都必须做到在需要这些文件的时候可以轻而易举地找到它们。具体可以这样做：所有与一项特殊采购的订单有关的文件应该附在一张订单副本上。如果可能的话，还要将其在某处归档并建立交叉索引，以便需要时可以很快找到。

对于一式两份的采购订单的归档，可按如图5-11所示两个方法来处理。

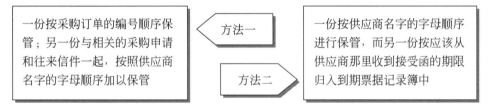

**图 5-11 采购订单的保存方法**

## 5.2 交期管理与货物跟催

### 5.2.1 按时交付是采购的目标

实现按时交付是标准的采购目标。如果延迟交付货物或材料，或者未能按期完成工作，那么就可能导致销售失败、生产停滞或客户满意度下降等。

另外，一旦收到订单，大多数企业就将组织货物进行交付，按支付方式产生应收账款或预收账款。如果无法实现按时供货，就可能会出现现金循环减缓或索赔，从而降低企业的效率或利润率。

如果供应商未能按时交付，使用部门的员工会责备采购员。因此，为实现按时交付，要确保使用部门了解交货周期以及其他一切必要信息。

> **提醒您：**
>
> 实现按时交付的第一步就是坚定地、准确地决定需要什么和什么时候需要。通常情况下，是由与物料相关的部门，如库存控制部门或生产计划编制及控制部门来制定需求进度。而对于有别于常规的需求，通常由使用部门提出所需物品，规定这些需求日期时并不考虑供应商的交货周期和销售现实。这显然不是好的做法，因为这样做可能造成延迟交付。
>
> 应注意就"交货周期"的含义及表达方式达成相互谅解。只有确保各需求部门通知采购部门的需求日期是可完成的，才可以指望适当地开展并实现采购。

但是，光有此类措施还不够。在供应市场中，采购应发挥实际作用，它可以与供应商进行谈判并按需求时间达成一致，而供应商则按照所达成的协议进行交付。

### 5.2.2 规定合适的前置期

当有需求、希望进行采购时，我们必须清楚地知道所需要的时间。因此我们需要明确前置期的概念及总的时间需要多长。

#### 5.2.2.1 何谓"前置期（lead time）"

"前置期（lead time）"这一术语经常用于代替交付时间或者与交付时间并用。前置期通常会涉及三个方面的概念。

（1）内部前置期

内部前置期是指从确定产品或服务需求到发出完整的采购订单（purchase order）所占用的时间。这包括准备规格、识别合适的供应商、询价／报价过程、最终选择供应商及签订合同所需时间。若以公式表示则如图5-12所示。

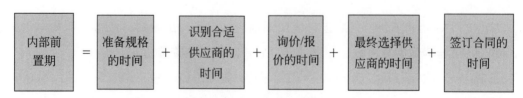

图5-12　内部前置期的计算公式

（2）外部前置期

外部前置期是指从供应商收到采购订单到完成采购订单（通常是指交付产品或服务）所占用的时间。它通常也被称为供应商交付时间。

（3）总前置期

总前置期是指从确定产品或服务需求到供应商完成采购订单所占用的时间。因此，它是上述内部前置期和外部前置期的总和，再加上从采购方发出采购订单到供应商收到采购订单之间的时滞，如图5-13所示。

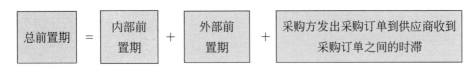

图5-13　总前置期的计算公式

#### 5.2.2.2　设定合适的前置期

内部前置期常常是总前置期的一个重要组成部分，但是经常被忽视。当然，内部前置期的不确定性也很大。而缩短前置期既要重视外部（供应商）前置期又要重视内部前置期。

在设置前置期时，要考虑采购方和供应商双方的很多因素，如图5-14所示。

| 采购方的因素 | 供应商的因素 |
| --- | --- |
| 如果采购方没有向供应商提供充足的或者正确的信息，供应商的前置期可能会延长。例如，供应商可能要停下来等待采购方的一部分技术资料或更准确详细的需求信息 | 供应商处理订单的过程若繁琐而复杂，则会增加前置期 |
| 采购方在供应商设施所在地实施检验可能会增加总前置期 | 供应商处理订单的系统，例如 ERP 系统会极大地提高订单处理速度，会减少前置期 |
| 漫长的进货程序可能会增加总前置期 | 货物的运输方式会影响到总前置期。不同的运输方式运输时间差别很大，在计算总前置期时必须考虑 |
| 在持续需求的情况下，采购方可能会协助供应商准备一份有关在什么日期需要多少物品的预测。这就允许供应商提前计划他们的活动，这样做就会减少外部前置期 | 供应商的生产方式也会影响总前置期。MTO（make to order）按订单生产，供应商接到客户订单以后才开始生产；MTS（make to stock）库存生产，供应商已经生产出产品，接到客户订单时把库存的产品交付给客户。很明显，MTO 的生产方式前置期要更长 |

图5-14　采购方、供应商的因素

#### 5.2.2.3　确认所报前置期的可信度

采购方将前置期规定为尽可能快，而供应商提出前置期例如是"10至14周"，这在工作中都很常见；但是应该避免这些做法，因为买卖双方的期望不同。采购方应该确切地知道供应商同意了规定的交付日期，并在采购订单文件中清楚写明。

供应商可能会提出他们可能实现不了的交付日期，以便赢得生意。采购方要负责确定供应商提出的日期是否现实。例如，采购方可能要确定以下问题，如下所述。

（1）该供应商是否有足够的能力。

（2）该供应商是否有可信的绩效统计。

（3）供应商对其前置期较长的部件库存。

（4）供应商是否有适当的供应战略。

（5）供应商是否完全采用MTO的生产方式。

### 5.2.3　采购催货的规划

#### 5.2.3.1　须跟催的活动

如果按时交付很重要，采购方就会认为有必要催交订单，即跟踪供应商。采购方可以要求供应商提供一份说明何时完成主要活动的生产计划，以确定哪些活动要催交。

#### 5.2.3.2　催货的形式

催货可以通过电话、信函或者访问供应商等形式完成。

#### 5.2.3.3　催货的方法

催货是检查供应商的交付计划并识别可能出现问题的过程。可以根据组织结构或采购部门的结构来选择合适的催货方法，如图5-15所示。

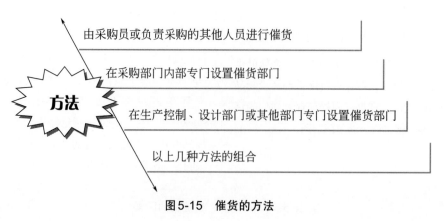

图5-15　催货的方法

#### 5.2.3.4 催货系统和催货机制

采购部门应该形成一整套的催货系统和催货机制,以保证催货工作有条不紊地进行。

(1)选择需要催货的订单。因为并非所有的订单都需要催货,因此为了便于催货,可以将订单进行分类,如图5-16所示。

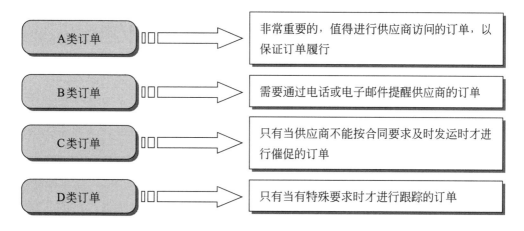

图5-16 订单跟催分类

(2)确定催货时间。
(3)确定采取适当的催货行动。
(4)在提示系统中输入行动细节。

### 5.2.4 采购跟催执行

采购业务可分为下订单阶段、进行阶段、生产阶段和交货后阶段四个阶段。而不同阶段的跟催要点不一样。

#### 5.2.4.1 下订单阶段

下订单阶段是指一发出订单就要实行由此而来的业务处理。因此为了使之能按照交货期交货,订货者要对供应商行使必要的支援。

(1)该阶段的主要事务

这一阶段的主要事务如下。

首先,发出了订单,必须将图纸或规范交给供应商,假如图纸或规范不交给供应商,则无法让其制订生产计划;另外,交给供应商的东西,对方若有质疑,应迅速查明并给予答复。

假如采购方只提交制品或零件的机能或设计构想,而图纸或规范则约定由供应商制定时,则应跟催让对方能在双方约好的时间提交,并且一提交则要迅速交给技术部门确认。

其次,有必要安排支给品的必须在预定的日期支给对方。至于有需模具、冶炼工具的,要确定由采购方制造还是由供应商制造,并确定接洽的日程,确认其性能或程度是否适合最适经济成本。

还有,对于不易进货的材料,要与供应商协调好,如果采购方这边有货则要以支给。

同时对供应商的负荷在这一阶段也需要加以调查,看看其交货期是否过分集中,从而确认其能否如期交货。

（2）跟催行动要点

下订单阶段应跟紧的事项如表5-3所示。

表5-3 下订单阶段应跟紧的事项

| 序号 | 对象 | 行动 |
| --- | --- | --- |
| 1 | 图纸、规范 | （1）确认有无发出<br>·已发出时应决定如何分发,进而予以追踪决定<br>·未发出时应确认如何发出,决定如何分发,并调整货期<br>（2）有疑问时或供应商有所质疑时,应详加调查<br>（3）确认有关图纸、规范的有无<br>（4）有必要由供应商提出图纸、规范,予以承认时<br>·对图纸、规范的提出加以追踪<br>·所提出的图纸、规范不完备时,要求其修订并予以追踪<br>·新设计时与技术部门的协调情形,应予以追踪 |
| 2 | 支给品 | （1）掌握支给预定日<br>（2）调整支给预定日与货期<br>（3）调整支给预定日与供应商的生产能力<br>（4）调整生产批数与支给批数 |
| 3 | 模具、冶炼工具 | （1）自制或交由他公司制造,与请购部门协商<br>（2）掌握进货预定日<br>（3）调整进货预定日与货期<br>（4）调整进货预定日与供应商的生产能力<br>（5）模具、冶炼工具的性能、程度等的决定要符合最适经济成本 |
| 4 | 取得困难的材料 | （1）所指定的材料不易入手的主要原因如下：<br>·是特殊材料,不知应由何处取得<br>·调度期间长,容易耽误货期<br>·规范不明确,无从找起（不知制造厂在何处）<br>·不是标准规格<br>·货品少或缺货<br>·交易单位（量的单位）太少或太多<br>·缺少资金<br>·所要求者超出市场的一般规格或品质<br>·能够购得,但没有检查设备,无法保证品质 |

续表

| 序号 | 对象 | 行动 |
|---|---|---|
| 4 | 取得困难的材料 | （2）措施：<br>要与供应商周旋<br>手边有材料时要支给<br>指定替代、借用材料 |
| 5 | 掌握供应商的能力 | （1）负责状况的调查（人力的）<br>（2）负荷虽然与生产能力匹配，但仍要确认每一批的货期是否有勉强之处<br>（2）设备、机械能量的调查（物料的） |

#### 5.2.4.2 进行阶段

进行阶段是指供应商按照订单已处于制订生产计划的状况，有必要再度确认其能否顺利生产：图纸、规范是否齐全、有无完备、是否需要修订、版数（随修订而会改变版数）是否符合等要加以确认。进行阶段的跟催要点如表5-4所示。

表5-4 进行阶段的跟催要点

| 序号 | 对象 | 行动 |
|---|---|---|
| 1 | 图纸、规范 | （1）确认有无不齐、不备的图纸、规范<br>（2）有了修订时，迅速通知并予确认<br>（3）核对试制图纸与正式发行图纸<br>（4）反复修订制品要确认其版数<br>（5）不清楚的地方要随时予以回答<br>（6）如果对方提出无法按照指定要求制造时，应详加调查并予以回答 |
| 2 | 支给品 | （1）确认有无按照预定支给<br>（2）延迟时要调整货期<br>（3）确认有无不良、不足、疏漏、现品相异等情况<br>（4）按照指定的支给但还是发生不足的场合，采取以下措施<br>·发生原因出在供应商的场合（不良品的发生、损失、损伤），办理再支给手续并予以追查<br>·发生原因出在订购商的场合（指定数目的错误、添加率过低），应与有关部门接洽，办理追加支给的手续并予以追查<br>（5）发生了需要中断或取消订货的情况时，收回支给品及不足的部分，办理清偿手续并予以追查 |
| 3 | 模具、治工具 | （1）确认能否按照预定计划送到<br>（2）延迟的场合，与有关部门接洽，决定对策并调整货期<br>（3）制造完成时，有必要检查的场合，办理检查手续并予以追查<br>（4）对不合格的模具、冶炼工具的决定对策<br>·当获知供应商无法制造时，与有关部门接洽以决定对策<br>·获知图纸、规范不完备时，迅速决定如何处置并予以指示 |

续表

| 序号 | 对象 | 行动 |
| --- | --- | --- |
| 4 | 材料 | （1）确认有无按照预定入库<br>（2）对未入库部分予以追查<br>（3）对不易入库的材料，决定对策<br>・从中协助供应商<br>・手边有材料时就予以支给<br>・指定替代或代用材料<br>（4）调整预定日与货期 |

### 5.2.4.3 生产阶段

生产阶段是指供应商已经处于着手生产的状况，所以更有必要追查其是否顺利进行。

这一阶段最大的问题是：模具、冶炼工具或设备、机器的故障及缺勤发生而使保有工数逐渐减少。假如订购商有余力，则可协助厂商进行生产，或将制程上成为瓶颈的部分拿回来自己做。

又如在发生火灾、风灾、水灾或倒闭的场合，不得不改换由其他公司来制造。

除此之外，还有由于订购商的原因而要延迟货期或中止订货、取消订货的情况。此种场合应妥善采取对策，避免与有关支付货款的法令规章有所抵触。生产阶段的跟催要点如表5-5所示。

表5-5　生产阶段的跟催要点

| 序号 | 对象 | 行动 |
| --- | --- | --- |
| 1 | 模具、冶炼工具或设备、机器的故障 | 与有关部门接洽并决定对策，进而调整货期 |
| 2 | 保有工数的递减 | （1）由于伤病而发生缺勤，或由于和其他货品发生竞争，或与其他公司所订货的货品发生竞争时：<br>・要求时间外（加班）的开工速制<br>・与其他货品调配<br>・改换其他的供应商<br>・改为自制<br>（2）然后调整货期 |
| 3 | 火灾、风灾、水灾 | （1）视被害的程度而定<br>・改由其他公司制造<br>・改为自制<br>（2）然后调整货期 |

续表

| 序号 | 对象 | 行动 |
|---|---|---|
| 4 | 倒闭 | （1）改由其他公司制造<br>（2）改为自制<br>（3）然后购买模具、冶炼工具，进一步追查以下事情<br>·连锁倒闭的防止<br>·债权、债务的处理 |
| 5 | 罢工 | （1）调整货期后尚难望解决时：<br>·改由其他公司制造<br>·改为自制<br>（2）除此之外，还有折冲损害赔偿的事 |
| 6 | 由于订货者的原因而延迟货期 | 充分考虑在不抵触有关的法令规章下，调整货期，并决定在制品的品质上保全对策 |
| 7 | 取消中断 | （1）对支给品的收回与收回不足部分，办理清理手续并予以追查<br>（2）处理在制品<br>（2）起自订货者的原因时，对契约变更的损害赔偿要予以折冲<br>（4）起自采购者的原因时，对损害的赔偿要予以折冲 |

#### 5.2.4.4 交货后阶段

交货后阶段是所订的货品已经交货之后的事情，采购员的任务要到交货后的货品经检查合格并运到现场才算结束，所以在这一阶段还不能撒手不管。

在这一个阶段，或许会有数量的过多或不足，当然也难免会有不合格品的纳入，对于这些情况都要给予适当的处理。而供应商辛辛苦苦交来的货品，有无被请购部门放置未用，采购部门也要加以注意。具体的跟催要点如表5-6所示。

表5-6 交货阶段的跟催要点

| 序号 | 对象 | 行动 |
|---|---|---|
| 1 | 数量的过剩、不足与损失 | （1）未收数量的追查<br>·催促交货，确认货期<br>·货期已过，已经不需要该货品时，办理取消手续<br>（2）过剩数量的处置<br>·有其他订单，也有未收数量时，办理调换手续<br>·退还<br>（3）不足与损失的处置<br>·调查原因，追踪现品<br>·重新安排货品的取得<br>（4）过剩数量的处置<br>·调查原因，追踪现品<br>·重新安排货品的取得 |

续表

| 序号 | 对象 | 行动 |
|---|---|---|
| 2 | 搬运 | 确认已收货品是否迅速通过检查,并搬运给所需部门 |
| 3 | 检查 | 确认已收货品是否进行顺利,能够在预定的检查期间内完成检查。要督促紧急货品的检查 |
| 4 | 不合格品的处置与对策 | (1)确认不良的内容<br>(2)调查原因<br>(3)接洽合格品质的水准<br>(4)要求适合于使用目的视为良品(过剩品质的防止)<br>(5)调整货期<br>(6)决定重新安排或采取对策<br>(7)特别采用的折冲(只要稍加加工就能使用的场合,如涂装之前,使用砂纸一抹就除去伤痕)<br>(8)改由其他公司制造<br>(9)改为自制 |
| 5 | 合格品的搬运督促 | 由检查到现场搬运的追查 |
| 6 | 交货数与支给 | 未支给品与过剩支给品的追查 |

## 5.2.5 减少催货的措施

### 5.2.5.1 改善与供方的沟通

(1)了解引起协调差距的主要原因

追究交货期延迟的原因时,发现来自供应商与采购方之间的协调差距或隔阂居主要因素有许多,如图5-17所示。

原因一 未能掌握产能变动

指供应商接受了超过产能以上的订单。为保证订单充足,供应商接受了其他公司的订单,或作业员生病需要长期疗养,或有人退休而致人手不足……但供应商却未坦白告知

原因二 未充分掌握新订货品规范、规格

供应商尽管想要知道更加具体的内容,却担心会让采购方认为罗唆而不给订单,以致在未充分掌握规格、规范之下进行作业

| 原因三 | 未充分掌握机器设备的问题点 |

为了定期点检而必须停止操作，或由于故障而必须予以修护之类的事情，确非采购方所能获悉

| 原因四 | 未充分掌握经营状况 |

由于资金短缺，而导致无法一起购进材料之类的事情发生

| 原因五 | 指示联络不切实 |

关于图纸的修订、数量的增加、货期的提前等未能详细传达给能够处理这些问题的人。除了口头说明之外，事后补送书面资料也极为重要

| 原因六 | 日程变更的说明不足 |

无论日程的提前或延后，假如不将真相传达给对方，使之充分了解进而获得协调，则必定会有差错

| 原因七 | 图纸、规范的接洽不充分 |

双方视对方的来询、接洽为麻烦。其实，只要站在对方的立场迅速回答则不会出问题

| 原因八 | 单方面的交货期指定 |

没有了解供应商的现况，仅以订货方的方便来指定交货期，并不了解就接受供应商的交货周期

图5-17　引起协调差距的主要原因

（2）了解供应商产能状况

供应商通常在一定的期间要生产许多订购的物品。

许多受订货品的交货日期可能重叠，生产也可能集中于某些机器设备之上。对于这种情况，供应商总是要排出先后缓急的顺序。表5-7列明了供应商的生产优先顺序，采购主管应予以重视。既然这样，一定要了解供应商所提出的产能与实际产能之间的差异。为此，最好亲自到供应商的工厂去了解其实际的生产状况。

表5-7 供应商的生产优先顺序

| 顺序号 | 项目 | 顺序号 | 项目 |
| --- | --- | --- | --- |
| 1 | 该生产被拒就很糟的 | 8 | 依存度高的公司的货品 |
| 2 | 付款条件良好的 | 9 | 想提高依存度的公司的货品 |
| 3 | 价格高的 | 10 | 催货很紧的 |
| 4 | 工作很熟悉的 | 11 | 货期麻烦的 |
| 5 | 工作较熟悉的 | 12 | 有材料的 |
| 6 | 能提高作业效率的 | 13 | 已来订单的 |
| 7 | 量多的 | 14 | 支给品的价格高的 |

另外，采购方应与供应商努力沟通，站在供应商的立场来下订单，避免由于彼此间的隔阂而引起沟通不畅的现象，从而导致交货期延迟。

（3）消除双方沟通不善的基本对策

① 充分了解购入品或外包加工品的内容，将适当、适量的货品向适当的交易对象下订单。采购主管除了要对自己经手的物品充分了解之外，还需正确掌握对方的产能。

② 确立调度基准日程。关于调度所需要的期间，要与生产管理部门取得共同的理解，要得到生产管理、设计、制造、技术等部门的帮助；对外包加工品要设定调度基准日程，据此决定适当的交货期，以便下订单。

③ 建立交货期权威，以提高交货期的信赖度。基于采购方与供应商双方的信赖来设定交货期；另外，使货期的变更或紧急、特急、临时订货之类的事情减少，以建立交货期权威，提高信赖度，从而提高交货期的遵守度。

④ 使订货的批量适当。使采购方及供应商双方都能接受最经济的数量。

⑤ 确立支给品的支给日程并严加遵守。应该避免"支给慢了，但是交货期要遵守"之类不合理的要求。

⑥ 管理供应商的产能、负荷、进度的余力。掌握对方（供应商）的产能、生产金额或保有工数，以行使其余力的管理。在这种情况下，尤其重要的是不要限于纸上谈兵，要切实做好。具体而言为：

a.机器、设备。

b.作业人员的职种别、技术水准别。

c.产能的界限等。

为了掌握机器、设备、人力的界限，不妨要求供应商提交"机器设备状况""职种别劳动状况"及"岗位劳动状况"等各种报表。

⑦ 事务手续、指示、联络、说明、指导的迅速化。比如，交货地点的变更、图纸改版的指示、不容易懂的图面说明、品质管理的重点应放在哪里的指导等都属于此项内容。

⑧ 当交货期变更或紧急订货时，应正确掌握其影响度。某一物料的交货期虽已确保，但要妥为处理，避免因其他物料而延迟，否则会引起恶性循环。

⑨ 加以适当的追查。当有宽裕的时间处置的时候，确认其进行状况。而进度的有效管理可活用"订货进度管理表"。

⑩ 分析现状并予以重点管理。加以ABC分析，进而将之变成柏拉图，这样就可以一目了然地了解对目的影响最大的因素是什么。如：

A品的件数虽然少，但金额很大；

C品的件数虽然多，但金额小。

所以对A品有必要好好管理。由此可见，分析现状的目的，是为了改变管理方法，或为了重新检讨管理措施。

#### 5.2.5.2 建立并加强交货期意识等制度

交货期意识等制度的体系如图5-18所示。

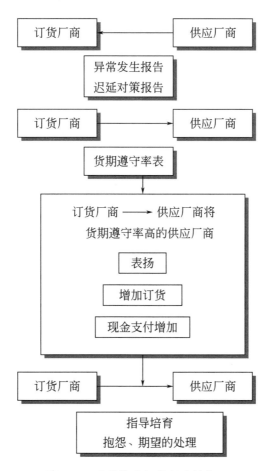

图5-18 交货期意识等制度的体系

（1）异常发生报告制度

采购方有对供应商提出异常发生报告的义务，比如，对机器设备、模具、治工具（夹具）的故障或不良及货期延迟原因的出现等提出报告。

通过这一报告能预知货期的延迟，也可尽早未雨绸缪。因此该项制度远比延迟发生后才来研讨对策更加有效。

（2）延迟对策报告制度

除了异常发生报告制度，使供应商明确延迟原因外，对其改善的对策也应要求提出报告。

（3）计算供应商交货期遵守率并公布的制度

编制每月供应商的交货期遵守（延迟）率并分发、公告，可以按照下列计算式计算。另外，也可掌握每件货物的延迟日数，以便掌握延迟的动向。

$$交货期遵守率 = \frac{交货期遵守件数}{交货期延迟件数 + 交货期遵守件数}$$

$$= \frac{交货期遵守件数}{交货期到来件数}$$

$$交货期延迟率 = \frac{交货期延迟件数}{交货期到来件数}$$

（4）表扬制度

对交货期遵守情形良好的供应商，分为每年、上下半年、每季等给予表扬。各公司的表扬制度见表5-8。

表5-8 各公司的表扬制度

| 公司名 | 方法 次数 | | | 表扬者（奖状具名人） | | | 纪念品 | 奖金一等 | 对象公司 | 表扬的目的 |
|---|---|---|---|---|---|---|---|---|---|---|
| | 每年一次 | 每半年 | 每季 | 总经理 | 资材部长 | 事业部长 | | | | |
| A | ○ | | | ○ | | | ○ | ○ | 前10名 | 建立表扬的权威 |
| B | | ○ | | | ○ | | ○ | | 前10名 | 增加次数，给予动机 |
| C | | | ○ | | | ○ | | | 前10名 | 增加次数，给予动机 |
| D | ○ | | | ○ | | | ○ | | 前10名 | 建立表扬的权威 |
| E | | ○ | | | ○ | | ○ | | 前10名 | 增加次数，给予动机 |

（5）与订货量联结的制度

采购方视供应商交货期遵守的程度而对之采取如图5-19所示措施。

```
A 级  ⇒  增加订货量；
B 级  ⇒  订货量不变；
C 级  ⇒  减少订货量；
D 级  ⇒  停止订货。
```

**图5-19　与订货量联结的制度**

但是，品质与价格比其他公司优异时，应另作考虑。还有，必须预先和供应商说明，以避免由减少或停止订货量所引起的纠纷。

（6）与支付条件联结的制度

采购方视供应商交货期遵守的程度，以如图5-20所示方式改变其付款方式。

```
A 级 ⇒ 全额付现；
B 级 ⇒ 现金 2/3，支票 1/3；
C 级 ⇒ 现金 1/2，支票 1/2；
D 级 ⇒ 现金 1/3，支票 2/3。
```

**图5-20　与支付条件联结的制度**

另外，假如由于资金调度困难而采取此对策时，应注意是否会因此而丧失长年所建立的信赖关系。

（7）指导、培育的制度

比如，经营者研讨会、供应商有关人员的集中教育、个别巡回指导等。

（8）抱怨、期望处理的制度

要诚恳听取供应商的抱怨、期望，并迅速加以处理、回答。可在企业物控部门内设置"供应商会谈室"之类的场所，用于对协力厂商的指导、培育及期望的处理。

### 5.2.5.6　衡量供应商的交货绩效

即依据供应商评鉴办法对供应商进行考核，将交期的考核列为重要项目之一，以督促供应商提高交期达成率。

当供应商注意到自己正在被衡量时，他们的交付、绩效通常会提高。如果合同中规定了延迟交付的违约赔偿金，供应商的交付绩效也就会受到影响。供应商绩效考核后，要依供应商考核结果与配合度,从而考虑更换、淘汰交期不佳的供应商,或减少其订单。必要时可加重违约的惩罚力度,并对优良厂商予以适当的回馈。

## 5.3 采购进货控制

### 5.3.1 什么是进货管理

所谓进货管理,是对采购进货过程的计划、组织、指挥、协调和控制。

进货过程,是将同供应商订货成交的货物从供应商手中安全转移到采购方需求地的过程。

进货过程是一个物流过程,是大量物资实体转移的过程,中间要经过包装、装卸、搬运、运输、储存、流通加工等各种物流活动,从供应地转移到需求地。每一种物流活动,如果不认真操作,都会造成物资的损坏、丢失或错乱。如果物流方式的选择、物流路径的选择不合理,就会造成费用的升高。进货过程图见图5-21。

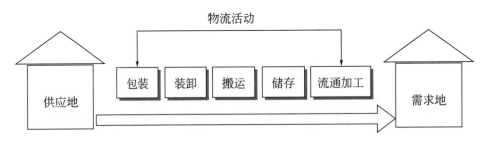

图5-21 进货过程图

### 5.3.2 进货管理的目标

进货管理的主要有七大目标,如图5-22所示。

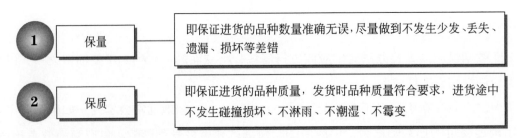

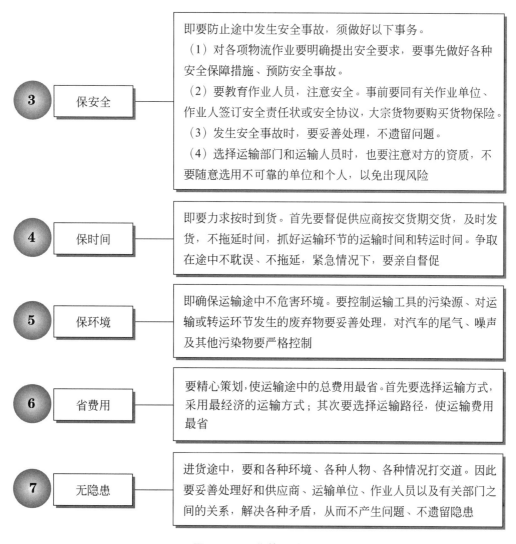

图 5-22 进货管理的目标

## 5.3.3 交货管理步骤

交货管理大致可以分成以下几个步骤。

### 5.3.3.1 制订交货计划

制订交货计划就是要选择好交货方式、运输方式、运输路径和运输商。

### 5.3.3.2 与供应商签合同

在订货合同中要写明交货条款。合同中交货条款的内容应当包括：交货方式选择、交货进度计划、责任承担方式、双方的责任和权利等。

#### 5.3.3.3 按合同规定的交货方式组织实施

在订货合同签订以后，就可以按合同规定的交货方式组织实施。因为合同往往会规定交货方式为供应商包送方式、委托运输或外包方式或自提方式。而不同运输方式的具体操作要领也不同，具体如图5-23所示。

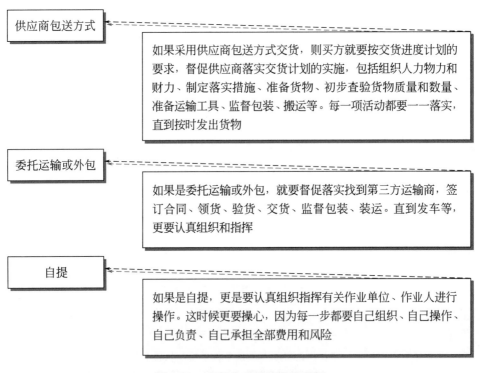

图5-23 交货方式及其操作要领

#### 5.3.3.4 控制

整个交货过程中，作业环节多、影响因素多、风险大。所以在组织指挥各项活动时，要采取各种方式，加强对整个交货过程各种作业的控制。

控制的目的，就是要使各项作业按照预定的计划进度和目标进行，保证按时、安全到货，从而降低交货成本、降低运输风险。

### 5.3.4 采购交货合同控制

在整个采购交货过程中，可能要签订多份合同，和多个作业单位签订合同。因此根据交货方式不同，其签订合同的方式也不同。

#### 5.3.4.1 与供应商签订合同

首先应该和供应商签订合同,这个合同就是订货合同。订货合同首先当然是与采购有关的事项的合同,但是应该在与供应商签订订货合同的同时,要明确写出交货条款、明确确定所购货物的交货方式、交货承担方和责任人。在选择交货方式时,最好是选择由供应商包送方式。因为这种方式对购买方最有利,省去了很多交货环节烦琐的事务,可以不承担任何责任和风险,即把交货责任和风险推给供应商。而采用这种方式,供应商比较辛苦,其工作量大、风险大、责任重。

如果供应商不想自己送货,则可以由其委托运输商送货。由供应商和运输商签订运输合同,而采购方可以不管,这也是有利于采购方的。

#### 5.3.4.2 与运输商签订合同

如果供应商不想自己送货,也不愿意由其进行委托运输送货,则只能由采购方自己办理交货时,则最好采用交货业务外包方式,即把交货任务外包给第三方物流公司或其他运输商承担。这样采购方也可以免除烦琐的交货业务处理,避免交货风险。

第三方物流公司一般比较有实力,有强大的物流手段、有物流系统网络、有成熟的物流业务和关系网。因此其比较有能力把交货任务完成好,是可以信任的。如果没有第三方物流公司,当然也可以找其他有资格、有能力、有信誉的运输商。

把交货任务外包给运输商,也有如图5-24所示两种方式。

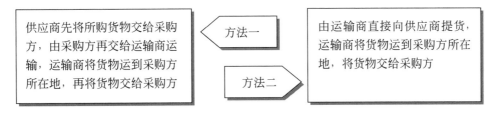

图5-24 外包给运输商的方式

对采购方来说,两种方式中,第二种比较好,因为它节省了与供应商的货物交接与货物检验工作。

在将交货任务外包给运输商时,要和运输商签订一份正式的运输合同。对运输过程中有关事项进行明确规定,即规定双方的责任和义务,还要规定违约的处理方法。这样,便于约束和控制运输商。

以下提供一份运输合同范本供参考。

## 【范本4】 运输代理协议

**运输代理协议**

编　　号：
签订地点：
签订日期：

委托方（以下简称甲方）：
受托方（以下简称乙方）：

根据《中华人民共和国民法通则》《中华人民共和国合同法》的有关规定，经甲乙双方友好协商，就甲方委托乙方进行货物运输代理有关事宜达成以下协议。

第一条：代理事项

1.甲方委托乙方为货运代理人，进行货物运输代理。乙方接受甲方委托，同意作为甲方代理人，办理有关代理事项。

2.甲方应根据本协议内容，向乙方签发委托书，以便乙方完成代理事项。甲方委托乙方办理事项详见《货物运输代理授权委托书》。

第二条：甲方责任

1.应于提出的发运日期（或运到日期）前_____日向乙方提供有关运输的资料与要求（包括发运地点、到货地点、货物品名、数量、性质、是否办理保价（险）、收货人全称、联系电话、传真等真实资料），并盖章确认。

2.于每批货物发运前_____日，将需要运输的货物完整地交付给乙方，并与乙方共同办理交接验收。

3.已包装或因其他原因不易清点的货物内容和数量，由甲方自行负责。

4.已交付给乙方的资料或货物确需变更时应提前_____日书面通知乙方。

5.应在本协议约定的时间内将运输代理服务费（或包干费）支付给乙方。

第三条：乙方责任

1.根据甲方的要求与提供的资料，按照本协议的规定，及时完成代理事项。

2.及时向甲方报告运输代理事务的进展情况，代理行为完成后，应将有关单据证明交付甲方。

3.对甲方提供的各种资料、文件应予以保密。

第四条：代理费用及结算方法

1.本协议履行期间，甲方同意以运输代理服务费（或包干费）的形式给付乙方。每运输代理_____吨货物，甲方给付乙方_____元运输代理服务费（或包干费）。运输代理服务费（或包干费）的计算按车辆（船）标重为结算依据。

2.为便于清算，双方同意_____日清算一次，结算方式为_____。

3.需由乙方代结算各种运杂费用的，由甲方按代理量预付乙方所需费用，并于运输前_____日汇入乙方银行账户（需由乙方代垫各种费用的，甲方需提前向乙方提出书面要求，并经乙方同意，双方签订垫付运杂费协议书后，方可垫付）。

4.费用结算后，乙方将有关票据、单证完整、及时交付甲方。

第五条：违约责任

1.在协议期内甲方给乙方的文件资料、货物有误或需要包装的货物因包装缺陷产生破损，或未将货物送到指定地点，而由此使乙方在代理行为中产生的经济损失，甲方应承担责任。

2.乙方未按协议要求运输也承担责任。乙方未经甲方同意，擅自扩大、变更代理权限，而由此造成甲方的经济损失，乙方应承担赔偿责任。

3.由于乙方原因使货物发生灭失、短少、变质、污染、损坏的，属法律、法规规定以外的乙方应承担责任。

4.由于不可抗力或_____时，双方协商可变更或解除本协议。

第六条：争议的解决

双方因协议发生争议并协商不成时，可用下列第____种方式解决（以"√"选择）：

1.向_____仲裁委员会申请仲裁；

2.向_____法院诉讼。

第七条：其他事项

1.本协议经双方当事人签字盖章后生效。如有未尽事宜，双方协商签订备忘录。经双方签的本协议附件，为本协议不可分割的组成部分。

2.协议签订后，任何一方不得擅自变更或解除。如确有特殊原因不能继续履行或需变更时，需经双方同意，协商解决。

3.本协议有效时间____年____月____日起至____年____月____日止

甲方：　　　　　　　　　　　　　乙方：
授权人签字：　　　　　　　　　　授权人签字：
日期：　　　　　　　　　　　　　日期：

#### 5.3.4.3　与作业人签订合同

如果是采购方自己承担交货任务，当租车进行运输或者是本单位派司机带车进行运输、路途遥远或者路况复杂或者货物贵重时，为了慎重，也要和作业人签订合同，或者签订运输责任状，并规定作业人的责任和义务。在可能的情况下，最好派有经验、有能力、身体好的人跟车。跟车人的任务：一是在路途紧急处理一些复杂问题；二是协助和监督途中运输工作；三是遇到车匪路霸时协力排险、保障货物安全运输。

### 5.3.5　运输交货进度的控制

运输交货进度的控制包括以下几点。

#### 5.3.5.1　交货方式的控制

（1）供应商包送

供应商负责将物料送到企业仓库。对企业而言，这是一种最省事的方式。其好处就是把运输交货的所有事务都交给了供应商，由供应商承担运输费用、货损、货差和运输风险。而企业只等供应商送货上门，只需要与供应商进行一次交接，进行一次验收工作就可以完成此次采购任务了。

（2）托运

托运即委托运输，由供应商委托一家运输公司，把物料送到采购方手中。这种方式采购方也比较省事，这个运输商通常是铁路部门或是汽车运输公司。这时企业需要和运输商进行一次交接，不过这种方式比第一种方式麻烦。如果运输的货物出现差错或出现货损、货差时，就需要取得运输商的认证，并且还要和供应商联系、洽商补货、退赔等事宜。因此要增添一些麻烦。

（3）外包

这是企业向供应商下订单以后，由采购方把运输交货外包给第三方物流企业或运输商。这时企业要进行两次交接、两次验货，和供应商交接一次、和运输商交接一次，并且要根据与供应商签订合同的情况，决定企业是否还要承担运输损失和运输风险。

（4）自提

这种方式是企业自己带车到供应商处去提货，自己承担运输交货业务。这种方式要和供应商进行一次交接并承担运输途中的风险及费用，而且入库时，自己还要进行一次入库验收。

#### 5.3.5.2 运输方式的控制

运输交货时间长短与运输方法的选择有很大的关系。可供选择的常用运输方式有四种，包括铁路、公路、水路和航空运输。运输方式的控制要考虑的因素主要如图5-25所示。

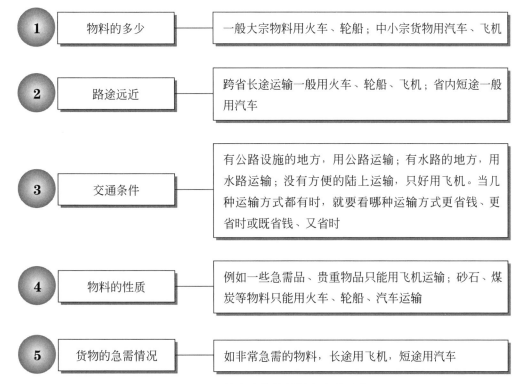

图5-25 运输方式的控制要考虑的因素

从以上几种因素综合考虑，一般大宗物料、长途运输以选择铁路、水路运输为好；短距离急需品运输选择汽车比较方便；长途、少量、贵重品、急需品选用飞机比较方便；大宗物料、靠近水路用水运比较合适等。

#### 5.3.5.3 运输线路控制

在运输方式确定以后，就要确定最短路径，以节省运输费用和运输时间。在比较简单的情况下，可以用人工计算的方法求出最短路径；在复杂的情况下，可以用网络图模型求出最短路径。

#### 5.3.5.4 运输商的控制

运输方式确定后，就要选择运输商。一定要选择正规的、有资质的、有实力的、服务好的企业，以避免运输风险。

## 5.4 采购收货作业控制

采购收货作业，是指对所购物品经过质量、数量的检查或试验后，认为合格而接收的过程。作为采购主管在对所采购的物品进行验收时，应注意以下事项。

### 5.4.1 物品验收工作要求

物品验收的目的，在于确保交货的安全。若忽略了采购验收，则一切采购成果可能就此落空。所以采购员必须明了采购的任务及责任，才能扎实地做好验收工作。而采购验收时采购员应注意的工作要求如下。

#### 5.4.1.1 制定合理的标准化规格

企业在进行物品采购时，一定要让自己的检验规格合理化、标准化，并要以经济实用为原则，切勿要求过严。所以，采购员在协助企业制定标准化规格时，要提议企业既要考虑到供应商的供应能力，又要顾及交货后是否可以检验。否则，一切文字上的约束都会因无法检验而流于形式。当然，也不能过于宽泛，否则会导致供应商以次充好，从而影响到企业采购物品的正常使用。

#### 5.4.1.2 合同条款应写明验收标准

规格虽属技术范畴，但是招标时仍要列作审查的要件，因为这涉及品质优缺与价格高低，所以不能有丝毫含混。因此，采购员应注意招标单上所列的项目是否做到了详尽明确的订立；同时有些关键的地方要附带详图说明。这样，才能避免供应商发生误会。

另外，在合同中对验收标准要加以详细说明，使交货验收时，不至于因内容含混而引起纠纷。

#### 5.4.1.3 设置健全的验收组织

由设计、品质、财务和采购组成的验收小组，制定出一套完善的采购验收制度；同时对专业验收人员进行培训，使其具有良好的操守、丰富的知识与经验，然后对验收人员给予绩效评估，以发挥验收小组应有的作用。

#### 5.4.1.4 采购与验收各司其职

现代采购讲究分工合作，通常企业会规定：直接采购人员不得主持验收，以免徇私舞弊发生。一般用料品质与性能由验收者负责，其形状、数量则由收货人员负责。只有采购、检验、收货人员分工负责，各司其职才能达到预期效用。

#### 5.4.1.5 讲求效率

无论是国内采购还是国外采购，验收工作都应力求迅速准确，尽量减少供应商不必要的麻烦。因为方便也是互利互惠的。

### 5.4.2 做好验收准备

在物品采购验收中，要安排采购人员做好采购物品验收前的准备工作。通常，采购前的验收准备工作包括如图5-26所示几个方面的内容。

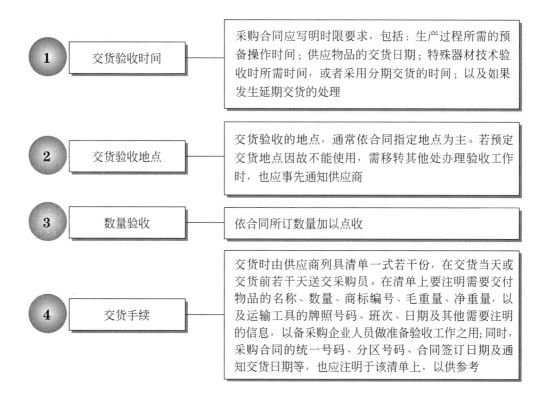

图5-26　验收的准备工作

### 5.4.3 采购物品验收工作过程

物品验收的工作过程如下。

#### 5.4.3.1 验收送料文件

对于所采购的物品，采购人员必须对供应商或货运公司的如表5-9所示文件进行验证。

表 5-9　必须验证的文件

| 送货方式 | 必须验证的文件 |
|---|---|
| 供应商直接送货 | 供应商装箱清单2份，另附上本企业采购订单复印件2份 |
| 货运公司送货 | 货运公司装箱托运清单2份 |

货运员应持供应商装箱清单2份及订单复印件1份（装在封口信封内）交付负责收货的采购员。

如货运公司未持供应商装箱清单，该清单必须附在所送物品包装箱内，货运公司人员由负责收货的采购人员陪同开箱取出，然后由采购人员签收。

### 5.4.3.2　订单复印件查验

采购人员在供应商装箱清单上查验供应商代号和订单编号，有如图5-27所示两种方式可用来查验订单复印件。

图5-27　查验订单复印件的方式

采购人员同时还要查电脑"已发单"档案内同一供应商是否有"退货单"存在，可顺便办理退货取回。

### 5.4.3.3　填写"收货清单"

通常收货清单上记载的资料有：供应商（名称或供应商代号）、物品（品名型号及目的地）、运送者（司机姓名／货运公司及车牌号码）、验收号码（已指定的物品验收号码）。其具体格式如表5-10所示。

表 5-10　采购收货清单

| 收货日 | | 工程编号 | | 本单编号 | 请购部门 | | 订单编号 | |
|---|---|---|---|---|---|---|---|---|
| 年月日 | | | | | | | | |
| 会计科目 | 品名规格 | | 项次 | 材料编号 | 单位 | 数量 | 单价 | 金额 |
| | | | | | | | | |
| | | | | | | | | |
| 备注 | | | | | 点收 | 检验 | 经办部门 | |
| | | | | | | | 主管 | 经办 |

#### 5.4.3.4 粘贴验收标签

然后将打好编号的四联"物品验收标签"贴在供应商的装箱清单上。

（1）一份标签贴于供应商装箱单第一联上或货运公司装箱单上（如经由货运公司的话）。

（2）另一份标签由仓库留底，贴在装箱单的第二联上。

（3）一份贴在订单复印件上。

（4）一份贴在收货清单上。

在装箱单和线联上需盖上戳记，内容为："货已收，品质、货品待验。"

#### 5.4.3.5 发还文件

在将装箱单第一联交还供应商／货运公司时，同时告知送货者到卸货区等候通知，准备卸货。

### 5.4.4 验收结果处理

#### 5.4.4.1 通过验收结果

参加验收的人员须在验收单上签字，使用部门据此安排生产；采购部门据以结案；财务部门据以登账付款或扣款、罚款。

已验收入库的物品必须打上标志，以便查明验收经过及时间，并易于与未验收的同类物品有所区别。

#### 5.4.4.2 短损的处理

如果验收发现物品短损，应立即向供应商要求赔偿、向运输单位索赔、办理内部报损手续等。

#### 5.4.4.3 不合格品的处理

凡不合规定的物品，应一律拒绝接收。合同规定准许换货重交的，要等交妥合格品后再予发还。

通常供应商对不合格的物品都延后处置，仓储人员应配合采购部门催促供应商前来收回。如果逾越时限，则不负保管责任，或作废弃处理。

#### 5.4.4.4 发放验收证明书

在物品验收之后，应给供应商验收证明书。如因交货不符而拒收，必须详细写明原因，以便洽谈办理其他手续。而验收结果应在约定期间内通知供应商。

#### 5.4.4.5 做好信用记录

做好供应商交货的品质等资料的记录并妥善保管，以便为供应商开发、辅导及考核提供依据。

## 5.5 退货与索赔

当相关采购货品发生规格与品质不符、交货迟延、破损短少、短卸及短装等情形时，须与供应商沟通、协调退货、换货、补货事宜，有时候还需要向保险公司进行索赔。

### 5.5.1 国内采购的退货与索赔

国内采购的退货与索赔事务处理要点如图5-28所示。

| 要点一 | 退回的采购货品应由仓库清点整理后，通知采购部。采购部根据依实际情形通知供应商分别往工厂领取 |
| --- | --- |
| 要点二 | 现货供应的退货，要求供应商更换货品至合格验收时为止 |
| 要点三 | 订制品的退货，原则上要求供应商重做或修改至合格验收时为止。如当地供应商商制作技术上无法符合使用要求时，则取消订制，另找代替品或改由国外进口，如只能部分符合使用要求而使用单位同意接受者，则依实际情形，酌情扣罚货款 |
| 要点四 | 退货的货品在订购时如果订有合同约定，则应根据合同条款来办理扣款或索赔事宜 |

图5-28 国内采购的退货与索赔事务处理要点

### 5.5.2 国外采购的退货与索赔

国外采购货品在退货与索赔之前，都应事先公证，在取得公证报告后办理。

#### 5.5.2.1 规格及品质不符的退货

（1）经公证后，要求供应商补运货品更换或将货品退回国外供应厂商修理。
（2）退货的出口手续委托报关行办理。
（3）更换品的进口应申请不结汇输入许可证。
（4）退货可暂存仓库，如国外供应商不想取回退货而愿补运货品更换时，则不必办理出口手续。

#### 5.5.2.2 索赔

索赔又分破损短少和短卸、短装三种情况。短卸货品为国外供应商已将该批货品交航运公司装船承运，但当货轮抵达输入口岸时，并未将该批货品卸入码头。短装货品为机器零件在装船口岸并未经国外供应商交航运公司装船，而到货装箱完好，经海关验货证明为短装。

这三种情况的索赔事务办理要点如表5-11所示。

表5-11 索赔的对象及所需证件

| | 破损短少 | 短卸 | 短装 |
| --- | --- | --- | --- |
| 索赔对象 | 向保险公司索赔 | 航运公司及保险公司 | 向国外原供应商索赔补运 |
| 索赔所需证件 | （1）保险单正本（如向船方索赔则不附）<br>（2）国外发票副本1份<br>（3）提货单副本1份<br>（4）公证报告正本（如向船方索赔附副本）<br>（5）索赔函1封<br>（6）索赔计算单3份<br>（7）破损短少证明1份（如货品在船上受损时，船公司应出具破损证明单）<br>（8）航运公司的复函 | （1）保险单正本（如向船方索赔则不附）<br>（2）国外发票副本1份<br>（3）提货单副本1份<br>（4）公证报告正本（如向船方索赔附副本）<br>（5）索赔函1封<br>（6）索赔计算单3份<br>（7）短卸证明1份<br>（8）航运公司的复函 | 海关核发的进口证明书 |
| 索赔金额之计算 | （1）（保险金额／保险数量）×损失数量=索赔金额（向保险公司索赔）<br>（2）（国外发票金额／国外发票数额）×损失数量=索赔金额（向船方索赔）<br>（3）公证费（通常由保险公司负担） | 同左 | |

# 第6章 采购质量管理

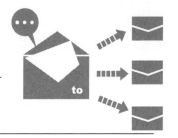

> **引言** 采购质量管理,是指对采购质量的计划、组织、协调和控制,通过对供应商质量评估和认证,从而建立采购管理质量保证体系,保证企业的物资供应活动。企业加强采购质量的管理有利于提高企业产品质量,有利于保证企业生产有节奏、持续进行,有利于保证企业产品生产和使用环节的安全。

## 6.1 采购部门的质量管理

采购部门本身的质量管理是企业质量管理的一项基本管理活动。其根本任务是根据生产的需要,保证采购部门适时、适量、适质、品种齐全地向生产部门提供各种所需物料,做到方便生产、服务良好,从而提高经济效益。

### 6.1.1 物料采购计划工作

首先,采购部门要进行需求分析,在面临较复杂的采购情况时,一般是在多品种、多批次需求的情况下,涉及企业各个部门和各工序、材料、设备、工具及办公用品等各种物料,则要进行大量的、彻底的统计分析,从而在分析的基础上编制物料采购计划,并检查、考核执行情况。

### 6.1.2 物料采购的组织工作

依据物料采购计划,按照规定的物料品种、规格、质量、价格、时间等标准,与供应商签订订货合同或进行直接购置。具体如下。

(1)确定供应商与采购方式后,要根据采购计划内容(包括质量、运输方式、交货时间、交货地点等)要求,组织运输与到货,并保证在合理的时间内提前完成。

(2)物料运到工厂后,根据有关标准,经有关部门对进厂物料进行品种、规格、数量、质量等各方面的严格检验核实后,方可验收入库。

(3)对已入库的物料,要按科学、经济、合理的原则进行妥善管理,保证质量完好、数量准确、方便生产。

(4)根据生产部门的需要组织好生产前的物料准备工作,并按计划、品种、规格、质量、数量及时发送。

## 6.1.3 物料采购供应的协调工作

由于采购业务牵涉的范围非常广泛,与采购部相关的部门很多,如图6-1所示。因此如果希望采购业务能够顺利进行,从而获得良好的工作绩效,除了采购部门工作人员的努力外,还需企业内部各有关部门的密切配合。

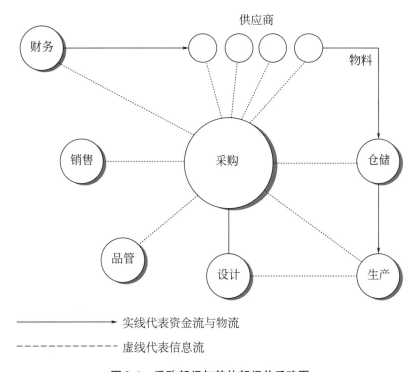

图6-1 采购部门与其他部门关系略图

### 6.1.3.1 与管理部门的协调关系

采购部门对公司生产或商品成本的节省,能做出很大的贡献;对公司生产所需原料或销售部门商品的供应,也会产生直接的影响。因此为了使采购功能有效地发挥,企业管理部门应重视采购部门的横向联系,并应加强采购人员的专业训练及制定采购人员的行为规范等事宜。

在与管理部门的协调上，采购部门应将与供应商接触所获得的市场信息，提供给管理部门作为经营上的依据。而管理部门则应将景气预测、租税结构、汇率趋势等信息提供给采购部门参考。

### 6.1.3.2　与销售部门的协调关系

（1）销售部门应提供正确的销售预测及销售目标等资料给采购部门，以确保采购计划的准确性、可执行性。

（2）销售部门制定产品的价格，必须事先估计制造成本，尤其是占主要部分的材料成本。在预估材料成本方面，采购部门应提供充分的协助。

（3）销售部门在与客户谈判特别订单及无库存的产品时，必须考虑采购的购运时间（1eadtime），避免造成没法如期交货的问题。

（4）采购部门应将从供应商处所获得的有关竞争同行的用料需求信息，以及其产品的销售数量、品质、价格等信息，提供给销售部门，以协助销售部门做好竞争策略的拟订。

（5）为了互惠起见，企业在政策上通常会要求供应商购买本企业的产品。而在这一政策的执行方面，销售部门与采购部门应该更加密切地配合办理。

### 6.1.3.3　与生管部门的协调关系

为了确保原材料供应的稳定性，采购部门和生产管制部门需要经常交换信息。

生产管制部门应尽早通知采购部门有关产品的生产计划与物料的需求计划，使采购部门有充裕的时间去寻求货源，并与供应商议价；而采购部门也必须通知生产管制部门采购所需要的购运时间及订购后可能发生的变化。如果生产计划或采购计划中的数量或时程有任何的改变，都应迅速通知对方，从而使对方可以及时进行适当的调整与配合。

### 6.1.3.4　与品管部门的协调关系

基本上，采购人员必须熟悉与采购物品有关的品质标准，以便从供应商处购买到合乎用途的东西。采购人员直接与供应商接触，因而能帮助品管部门建立供应商所能配合的一套检验标准；而品管部门也应将进料的检验结果告知采购人员，借以考核供应商。总体来说，采购部门与品管部门的协调关系如图6-2所示。

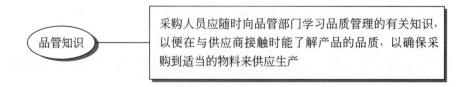

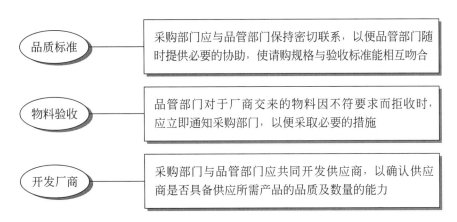

图6-2 采购部门与品管部门的协调关系

#### 6.1.3.5 与制造部门的协调关系

采购部门提供制造部门所需的物料,两者关系密切,但是两者却有不同的立场。通常,制造部门希望物料能快速供应,以免发生断料停工的状况;而采购部门则希望能有充分的时间进行议价,以期降低成本。因此,在采购的购运时间方面,彼此必须互相尊重、充分协调,切勿意气用事。

另外,对于"自制"或"外包"的决定,制造部门与采购部门彼此的立场和见解也可能不同。这时应充分考虑成本分析的结果及策略,彼此应以客观的态度来共商办法。

#### 6.1.3.6 与技术部门的协调关系

技术部门在设计物料规格时,往往过分强调追求理想,而忽略价格和市场因素;而采购部门通常太强调价格因素而忽略品质要求。因此,技术部门应征询采购部门的意见,而采购部门也应根据市场情报,建议适当的规格标准。总之,两者必须密切协调,以确保采购能够顺利进行。

另外,为使物料标准化,以使之能进行大量采购,从而降低成本、费用,技术部门应在设计前多征询采购部门的意见,以保证尽量减少物料品种。在这一方面,两者应密切协调,从而才能产生良好的互动关系。

还有,在新产品的设计方面,采购部门应随时提供有关物料规格、性能、价格等最新资料,供技术部门参考。

#### 6.1.3.7 与仓储部门的协调关系

大量采购可以降低物料的单位成本,但是相对存量的增加也会提高仓储成本。因此,为了使整体的采购成本降低，采购部门与仓储部门必须有良好的沟通与协调，并要妥善地设计出适当的最低存量及订购点。

采购部门应在订购作业完成时，将有关交货时间与数量等资料告知仓储部门，以便仓储部门能事先准备所需的存储空间；而仓储部门则应定期将存量记录通知采购部门，以利于存量的控制。

另外，对于退货、呆料、缺料等问题，采购部门也应协助仓储人员处理。

### 6.1.3.8 与会计的协调关系

每一项采购交易，从订购开始到交货、请款、付款为止，都需要会计处理。会计部门还可为采购部门提供各项有关的计算资料，例如：应付账款余额统计、实际支出金额与预算金额的比较、材料成本的计算、价差的绩效计算等。

不过，在许多企业与机构中，这些会计工作有时候会由采购部门担负一些。不管这些会计工作由谁执行，部门间若能紧密协调与合作，通常可以从供应商那里获得更多折扣的机会，从而可以改善买卖关系。

### 6.1.3.9 与财务部门的协调关系

采购预算是企业资金需求的最主要部分，若无良好的财务计划，采购工作将无法顺利进行。采购部在选择较佳品质时，必须考虑成本因素；在订购较大数量时，必须考虑财务负担能力；在议定价格时，必须考虑付款方式（现金支付或期票支付），以避免造成财务上的损失或风险。因此，采购部门应与财务部门在资金调度与运用、汇率与利率的价差、付款条件与额度等方面，作妥善的协调。

### 6.1.3.10 与法务部门的协调关系

采购作业会牵涉法律问题。因此，采购人员必须具备与采购作业有关的法律知识，否则可能因不谙法律规定，在无意中使企业陷入诉讼困境而遭受损失。在处理采购合同、纠纷、索赔以及智慧财产权等方面，采购部门应与法务部门密切协调。而未设法务部门的企业，必要时应聘请法律顾问协助。

### 6.1.3.11 与公关部门的协调关系

采购人员经常会与外界人士接触。因此在某种意义上，采购人员就是公关人员，采购人员的行为势必会影响供应商以及其他相关人士对企业的观感与态度。如果企业设有公关部门，则采购部门应与公关部门密切合作，从而通过采购作业的执行，塑造良好的公司形象，并产生良性循环，使以后采购作业的执行，更加顺利而有效。

## 6.1.4 物料采购供应的控制工作

由于采购活动涉及资金的流动以及各方的利益关系。因此为了减少贿赂所带来的采购物料质量差以及采购活动所带来的风险，必须加强采购控制工作，并建立采购预计划制度、采购请示汇报制度、采购评价制度、资金使用制度、到货付款制度、保险制度等。

## 6.2 供应商质量评估、认证

在对采购质量的控制中，供应商质量的控制是非常重要的一环。因此从采购产品的质量出发，应对供应商进行评估、认证以及产品的验收工作。

### 6.2.1 评估供应商

#### 6.2.1.1 建立供应商评估指标体系

为了对供应商进行系统、全面的评价，就必须建立一套完善的、全面的综合评估指标体系。实际工作中，可以把供应商分成两类：一类是现有的供应商，一类是潜在的供应商，如表6-1所示。

表6-1 供应商评估体系及要求

| 序号 | 供应商 | 评估体系及要求 |
|---|---|---|
| 1 | 现有供应商 | 对于现有的合格的供应商，每个月进行一次调查，着重对价格、交货期、合格率、质量等进行正常的评估；1～2年进行一次详细评估 |
| 2 | 潜在供应商 | 对于潜在的供应商，其评估的内容要详细一些。首先是根据产品设计对原材料的需求，寻找潜在的供应商，由其提供企业概况、生产规模、生产能力、经营业绩、ISO 9000认证、安全管理、样品分析等基本情况，然后进行报价。接着对供应商进行初步的现场考察，考察时可以按照ISO 9000系列标准进行，然后汇总材料进行小组讨论。在进行供应商资源认定之后，再由相关部门进行正式的考察。如果认为供应商可以接受，就可小批量供货。一般考察三个月后，如果没有问题，再确定其为正式的供应商 |

在供应商考察中，根据ISO 9000或其他质量管理标准对供应商的质量保证体系进行审核，看其质量体系是否完备、运行是否持续有效。这就是目前比较常用的一种方法。

当然，对供应商的质量管理体系的现场审核不可能面面俱到，因此要有侧重点，即要针对不同原材料供应商的清单审核,并将其列入本企业的有关程序文件中。而通过现场审核,可获得有关供应商的最直接的第一手材料,例如供应商的组织规模、供货能力、管理水平及人员的精神面貌等,从而为最后供应商的确定提供真实材料。关于如何去进行现场评审,在此不多提,仅提供一份实用的供应商质量系统评分标准作为参考。

#### 6.2.1.2 出具供应商评估报告

每一次供应商评估都应出具评估报告,并呈报给管理层,传送给相关方,以便未来供应商选择与管理。该类评估报告,各个企业会根据自己的情况来加以编制,但不管怎样,最好有比较规范的报告形式,以方便不同时期的比较。

### 6.2.2 建立采购认证体系

采购认证体系是相对采购流程的质量而言的,对采购的每个环节从质量的角度进行控制。在这个体系下,通过对供应商提供的产品质量进行检验,从而控制供应商的供应质量。

#### 6.2.2.1 采购认证体系的步骤

建立采购认证体系有如下步骤。

(1)对选择的供应商进行认证

认证的内容包括以一定的技术范围考察供应商的软件和硬件。软件是指供应商的管理水平、技术能力、工艺流程、合作意识等;硬件是指供应商设备的先进程度、工作环境的完善性等。

(2)样品试制认证

这一步骤的主要工作是对供应商的加工过程进行协调监控,如设计人员制定的技术规格和供应商的实际生产过程是否有出入;认证部门组织设计、采购、工艺、质量等部门的相关人员对供应商提供的样品及检验报告进行评审,看其是否符合企业的技术规格和质量要求(见图6-3)。

(3)中试认证

经过样品试制确认这一环节后,就进入了中试认证。因为样品认证合格不代表小批量生产就能符合质量要求,通常小批量生产的物料与样品的质量会存在一定的差异,所以,为了将来能进行批量采购,非常有必要进行中试认证(见图6-4)。

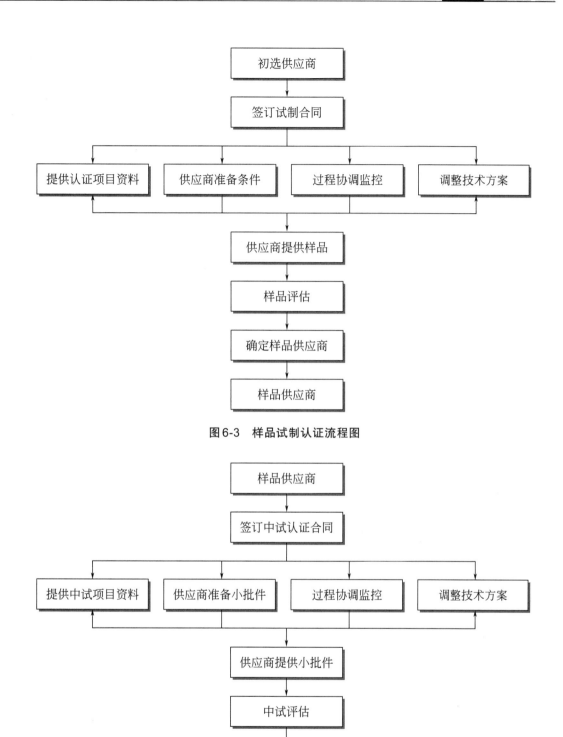

图6-3 样品试制认证流程图

图6-4 中试认证流程图

（4）批试认证

批试认证如图6-5所示，批试认证的目的：一方面控制新开发产品批量生产的物料供应质量的稳定性；另一方面控制新增供应商的批量物料供应质量的稳定性。

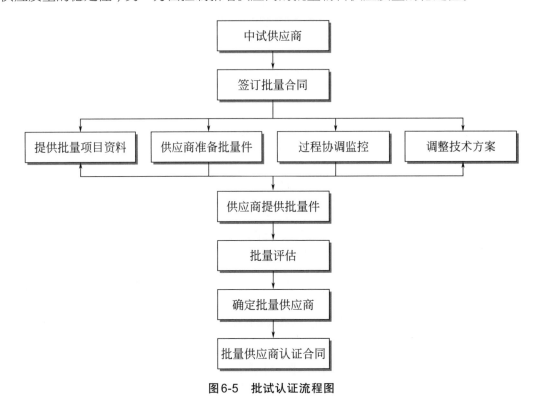

图6-5　批试认证流程图

（5）认证供应评估

经过上述各个环节的认证考察就可以得出合格的批量供应商，但供应商在实际的供应过程中能否严格按照供货合同供货、绩效如何、是否要调整等问题在认证过程中是看不出来的。因此只有在实际的供货过程中定期对物品的供应状况进行评估才能得出适当的结论，而定期评估的目的就是建立优化的采购环境。定期评估需要以下五个步骤，具体如图6-6所示。

### 6.2.2.2　认证过程中的质量控制

认证过程中的质量控制包括以下四项内容。

（1）初选供应商的质量控制

初选供应商时，应在质量上严格把关：考察供应商的硬件（设备的先进性、环境配置完善等）、软件（人员技术水平、工艺流程、管理制度、合作意识等）；供应商是否通过ISO 9000的认证，质量控制措施如何；供应商是否为世界名牌厂商供货，是否和你将要采购的物料类似等。

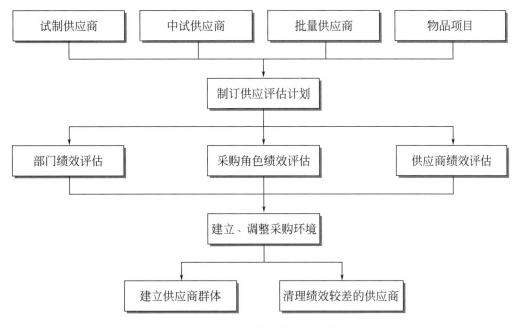

图6-6 认证供应评估流程图

① 选择供应商的依据——技术规范

技术规范是对所要认证的物料项目的技术品质要求，它是选择供应商的依据，物料的检验标准据此生成；技术规范由产品设计人员制定，由认证部门发给供应商；在产品技术规范与供应商的相关标准存在差异时，对于合理的、不影响物料质量的改动，认证人员有责任向设计人员提出。

② 初选供应商的质量控制的必要性

公司在设计一个新产品或者供应商在产生技术规范要求上有一定的实现难度时，这个供应商要想参与物料供应竞争，就必须进行质量整改。而且认证人员及质量管理人员和供应商应一起研究并实施质量改进措施，认证部门应组织质量小组对供应商进行验收，直至达到技术规范要求。

（2）试制认证的质量控制

试制认证是供应商提供样件（也叫做样品）并进行验证的过程。供应商提供样件方式视其物料的形式而不同，具体如图6-7所示。

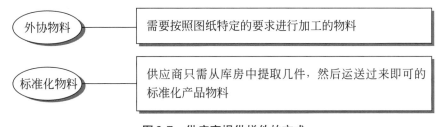

图6-7 供应商提供样件的方式

① 试制认证阶段的外协物料质量控制可分两步走

第一步：对供应商外协加工过程进行协调监控，协调内容包括：设计人员制定的技术规范和供应商实际过程有出入，有时需要根据实际情况改正"技术规范"或者"图纸"；有时需要改善供应商的加工流程。

第二步：认证部门组织设计、工艺、质管等部门相关人员对供应商提供的样品及检测报告进行评审。其目的是验证供应商的样品能否满足公司的技术和品质要求。

② 试制认证阶段的标准化物料质量控制

只有一个过程，即外协物料的"第二步"。在标准化物料生产过程中，供应商一般都有较严格的质量控制手段，并且是机械化、自动化、大批量作业，认证人员没有必要对过程进行监控。但对样品进行评审是必须的，因为样品的认证方法多种多样，对有些样品企业本身就可以进行评审鉴定；有些样品需要花钱借助社会其他公司协助，如金银的鉴别等。

（3）中试认证的质量控制

中试认证阶段的关注点是单一样件向小批件过渡，而质量是其中最重要的因素。因此作为认证人员应该记住，样品的质量符合要求，并不代表小批件质量也能符合。

① 新开发方案的质量控制

一个新开发方案，可能在试制期间动用一切手段，使得方案得以实现。而物料的配套是精品中的精品，质量第一，成本则被放到第二位置。但这种精品很难向小批件过渡，因为供应商提供一件物料较容易，而小批件的提供则难度大（成本大、时间长）。因此，如何选择质量过关、价格适中的物料是中试认证必须解决的难题。认证人员应参与研发物料选型过程，向研发人员推荐质高价廉的物料。

② 新供应商认证的质量控制

一个新供应商的认证，可能在试制认证期间，供应商精心筛选出一个样件提供到认证部门，以供测试评审。而到了中试认证阶段，供应商提供小批量物料时，其质量则很难保证。因为供应商难以承受大成本、长时间的煎熬。而每一个经验丰富的认证人员都会有许多的这种经历。

（4）批量认证的质量控制

批量认证阶段的质量控制有两个方面：双方控制新开发方案产品批量生产的物料供应质量的稳定性，控制新增供应商的批量物料供应质量的稳定性。

① 物料供应质量的控制

质量检验是对产品或服务的一种或多种特性进行测量、检查、试验、度量，并将这些特性与规定的标准要求进行比较以确定其符合性的活动。通过来料质量检验（对供应商送来的物料进行质量检验）来控制供应商批量物料供应质量。

② 批量认证的质量控制的解决方法

批量认证的质量控制的解决方法如图6-8所示。

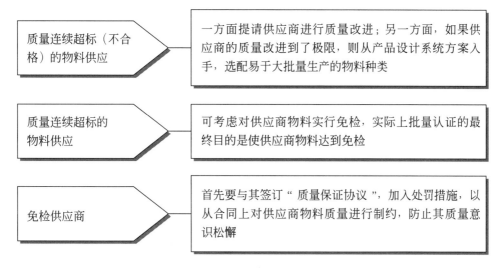

图6-8 批量认证的质量控制的解决方法

#### 6.2.2.3 将采购质量认证制度化

为规范采购货物的质量认证工作，企业宜将这一过程以制度或者程序文件的形式固定下来。

### 6.2.3 与供应商签订质量保证协议

质量保证协议对供应商明确地提出质量要求，协议中规定的质量要求和检验、试验与抽样方法应得到双方的认可和充分理解，从而通过与供应商的配合来保证采购产品的质量。

#### 6.2.3.1 质量保证协议的要求

质量保证协议应满足以下要求。

（1）质量保证要求应得到双方的认可，防止给今后的合作留下隐患。

（2）质量保证协议应当明确检验的方法及要求。

（3）质量保证协议上提出的质量要求应考虑成本和风险等方面的内容。

#### 6.2.3.2 质量保证协议的内容

质量保证协议中提出的质量保证要求可包括下列内容。

（1）双方共同认可的产品标准。

（2）由供应商实施质量管理体系，由公司第三方对供应商的质量体系进行评价。

（3）本公司的接收检验方法（包括允收水准AQL的确定）。

（4）供应商提交检验、试验数据记录。

（5）由供应商进行全检或抽样检验与试验。

（6）检验或试验依据的规程/规范。

（7）使用的设备工具和工作条件，明确方法、设备、条件和人员技能方面的规定等。

【范本】 **供方质量保证协议**

**供方质量保证协议**

№

甲方（需方）：

乙方（供方）：

为确保采购物资（产品型号、规格、名称）：＿＿＿＿＿＿＿＿＿＿符合规定的标准要求（应在合同中注明），经甲乙双方共同商定，除执行供货合同规定和技术协议中有关要求以外，应满足以下质量保证条款的要求。

1.质量责任：

1.1 甲方应承担对质量问题的事实和实际损失情况负有举证责任。乙方承担证明该产品合格的举证责任。

1.2 甲方对于原材料的品质控制采用委托乙方检验的方式，即使不做任何检验和测试也能直接投入生产。

1.3 乙方应承担的责任：

1.3.1 乙方应对自己原材料进行严格的进货检验，建立和保存进货检验的原始记录，对供应商的材料质量进行跟踪考核，建立质量档案。甲方可在需要时对乙方分供方（二级供应商）名单要在甲方处备案，若有变更须及时通知甲方。根据质量的需要，甲方保留指定乙方分供方（二级供应商）的权利；甲方可在需要时对乙方分供方（二级供应商）处进行质量验证和现场审核。

1.3.2 乙方应健全完善生产过程的控制管理，必须制定生产过程控制文件和作业指导书等，在对最终产品质量有影响的关键生产工序上建立必要的质控点，所有质控点乙方应设专人负责，严格做好原始记录和数据统计，监控工序质量和产品质量，及时发现和纠正生产过程的异常状况，确保产品质量的一致性，稳定性。

1.3.3 乙方应使生产完全受控,如有失控,应及时查明原因采取纠正措施,并通知甲方采取相应的措施,否则一切后果由乙方承担。对以上1.3.1-1.3.3,甲方有权对乙方进行不定期的监督考察,并进行符合性考核,对乙方执行有效性不符合者,甲方指出后,乙方须及时进行有效整改,乙方应该在1周内提供初步报告,4周内提供完整报告(包括原因分析、纠正措施、预防措施等),得到甲方确认后才能关闭。甲方保持继续深入跟踪的权利。对未整改或整改情况不符合甲方要求的,甲方有权终止供货关系,视为乙方违约。

1.3.4 乙方应该积极配合甲方检查相关的设备、产品、材料(受限或保密信息除外),受限或保密信息内容和范围需双方在样件阶段确认。

1.3.5 甲方对产品的检查和验证,不能免除乙方提供可接收产品的责任,也不能排除其后甲方的拒收。

a.乙方应建立内部产品质量审核程序并按质量计划进行产品质量审核,其中功能件、安全件应向甲方提供有效期内的型式实验报告,涉及3C认证或防爆生产许可证的产品应提供相应的3C证书或防爆生产许可证、防爆合格证证书以及证书编号。

b.甲方有权对乙方产品通过第三方进行质量监督检测,抽查结论为合格时由甲方承担检测费用,结论为不合格时由乙方承担相关费用。

1.3.6 乙方应按照ISO 9001:2015质量体系要求建立质量体系,如供方目前未通过体系认证,则需书面承诺通过认证时间,但承诺最晚时间不能超过2018年6月30日。

1.3.7 乙方提供的产品应完全符合甲方采购订单中明确规定的质量要求,及相应的国际、国家、部委颁发的有关质量标准(包括隐含的质量需要),超出国际、国家质量要求标准的,以甲方要求为准。

1.3.8 乙方提供的环保材料应完全不含有对地球环境和人体存在显著影响的物质,并符合相关的法律法规,包括RoHS指令(2002/95/EEC)、欧盟镉指令(91/338/EEC)、包装材指令(94/62/EC)、ELV废弃汽车指令、废弃电子电器产品指令(WEEE,2002/96/EC)、PVC禁用指令等。针对每种材料签订环保质量保证书,并每年提供一次有效期不超过一年的有害物质检测报告(如SGS)。

1.3.9 乙方应保留甲方产品出厂检验记录至少五年,以便于甲方质量追溯。

1.3.10 为了便于统计和追溯乙方产品质量状况,乙方在供给甲方的产品中除了有乙方自己的企业标识外,应按甲方要求在产品上打印甲方规定的永久性标识。如果乙方认为自己的企业标识可以满足甲方要求,必须甲方质量部门认可。

1.3.11 乙方交货时间超出订单合约交期(交期延误)造成甲方生产线停线的责任。

1.3.12 乙方需保障原材料从出厂至甲方收料之前的包装、运输品质。

1.3.13 乙方原材料在甲方入厂检验时因品质问题乙方不能及时处理而造成甲方停线的责任。

1.3.14 乙方原材料在甲方生产过程中发生品质异常造成甲方生产线停线或已生产的产品返工、返修的责任。

1.3.15 因乙方原材料质量问题造成甲方产品出厂后发生批次性质量事故（如退货等）的责任。

1.3.16 乙方原材料质量问题造成甲方产品在用户中出现危及人身、财产安全或丧失使用价值的责任。

1.3.17 乙方原材料在甲方装配直到用户使用过程中发现有质量问题且给甲方造成损失的责任。

1.3.18 甲乙双方有对产品或材料的技术和商业机密保密之责任。乙方应该积极配合甲方检查相关的设备、产品、材料（受限或保密信息除外），受限或保密信息内容和范围需双方在样件阶段确认。

2.经甲乙双方协议，乙方交货需遵守以下规则：

2.1 所有乙方每批交货时均须附出货检验报告或材料质保书等类似验证凭据，其检验内容必须是能保障其材料在甲方产品使用中的性能、功能、装配性、使用性、外观性等符合甲方的要求，交货后有任何因材料发生的品质问题均由乙方负责。

2.2 乙方初次交货时要提供可靠性试验报告，以后每年提供一次。

2.3 对于塑胶原料、焊锡类、化学有机溶剂等需要提供化学成分分析表，安全使用说明。

2.4 包装箱必须附产品合格证且有原生产厂最终检验合格印章。

2.5 外包装明细必须有产品名称、型号规格、出货日期、甲方订单号码、乙方的出货批号、数量、箱号。

2.6 乙方经甲方认定批量供货的产品，不得随意更改设计、工艺、主要技术参数及外形尺寸等。若确需要更改时，必须先通知甲方，并提供相应的乙方本厂或第三方机构的检验报告及样品等资料交甲方确认，经甲方认定合格后，方可进行供货，否则造成的一切损失全部由乙方承担。

2.7 变更的管理要求

乙方产品生产过程的变更，包含但不仅限于原材料、过程制造工艺、作业方法、设备、生产场地、关键岗位的管理人员的变更等，应主动通知甲方采购部门和质量管理部门，并得到甲方批准方可实施变更。甲方有权根据产品重要度情况决定是否需要安排现场审核或者产品验证；如果乙方未通知甲方或者未经甲方同意私自变更，由此产生的任何后果，乙方承担全部责任。有以下变更情况发生时，乙方必须及时通知甲方采购部门、质量部门，只有得到甲方书面评审报告后才能实施：

a. 生产场地的变更，包括供应商主要生产设备的搬迁，生产环境和新的生产车间投入使用等可能对产品性能造成影响的变更情况。

b. 分包商/子供应商的变更，包括原材料供应商的更换，关键工序外包供应商的更换，核心零部件供应商的更换，代理商和可能影响产品性能的元器件品牌的更换等情况。

c. 关键生产测试设备的变更，包括新机床，新模具，测试装置和电气测试设备等的变更。

d. 核心生产人员的变更，包括关键工序的操作人员，关键测试设备的操作人员，特殊资质人员（如无损探伤人员）等的变更。

e. 生产工艺的变更，包括机械加工工艺，测试工艺和调试工艺等的变更。

f. 原材料的变更，包括铸，锻，焊等金属材料，非金属材料，复合材料，化学材料，油漆，树脂等相关原材料的变更。

g. 元器件的变更与替代，包括电气设备核心元器件的变更，元器件的品牌及功能替代等情况。

h. 可能对甲方后续运维阶段所需备品备件和安装工具造成影响的元器件的变更，如吊装，检修工具，紧固件拆卸工具等的变更。

i. 对于生产场地、分包商/子供应商，关键生产/测试设备的变更，供应商需要提前3个月提交正式的书面申请和自我评估报告，甲方质量管理部将针对供应商的变更进行评价或审核，以确保变更不对最终产品造成影响。

3. 乙方违反以上任何规则，甲方质管部有权对乙方进行经济处罚最低500元/次。

4. 售后服务要求：

4.1 乙方产品的保修期限，原则上从甲方成品交给最终客户之日算起为使用<u>12</u>个月或乙方产品出货<u>18</u>个月（以先到时间为准。）在保修期间，乙方因无条件免费包修、包换、包退，并承担本协议中规定的有关责任；如超出保修期，乙方应提供相关的售后服务，但维修或更换费用由甲方承担。

4.2 在甲方或甲方用户正常使用条件下，如发生质量问题，在接到甲方通知后，4小时内应作出明确答复，如需到现场处理时，应以最快的速度到达（省内1~2天之内，邻近省2~3天之内，其他地区3~7天之内，保证处理到位。）

5. 质量赔偿：

赔偿的具体要求和办法由供、需双方协商确定如下：

5.1 乙方原材料入厂后发生品质异常，乙方不能及时处理而委托甲方全检、重工,所需的返工或筛选的全部费用由乙方承担(包括工时费、水电费、场地费、管理费等),且筛选的不合格品全部退回乙方,并由乙方及时无偿补足相应数量。

工时费=处理工时×10元/(人·小时)

水电费、场地费每次共100元,管理费每次50元,返检费每次200~500元。

5.2 乙方原材料不能返修、筛选造成甲方停线,乙方须按每小时1000元负责赔偿甲方的全部损失。

5.3 甲方向乙方发出的质量异常反馈单,要求乙方在≤3天时间回复甲方,每超过一天时间按每天100元罚款,若有退货事宜则视为乙方完全接受退货。

5.4 乙方原材料入厂后连续三次以上(含三次)在甲方发生品质问题,甲方质管部有权对乙方进行经济处罚,按交货数量价值的2%-5%进行罚款,罚款金额合算后不满人民币500元的依500元罚款。

5.5 乙方原材料入厂后在甲方生产线发生品质异常造成甲方停线返工、返修时,乙方需对甲方的返工、返修、停线所造成的损失(含所有材料损失费用)进行赔偿。

赔偿费用=停线时间(小时)×1000/小时+返工工时×10元/(人·小时)+材料损失费用*1.2倍

甲方除有权对乙方进行索赔外,还可同时采取调整供货量、停止供货、终止协作配套关系等措施。

5.6 由于乙方原材料(在保质期内)的质量问题导致的甲方最终用户无法正常营运或中断营运,导致纠纷,造成索赔以及发生重大事故和人身伤亡事故的,乙方除及时赶赴现场抢修处理外,还要视情节及相关部门认定责任情况,承担相应的经济损失,包括直接费用(不合格产品费、相关产品报废价值)和间接费用(差旅费、运费、罚金、相关赔偿等)。

5.7 乙方原材料入厂后在甲方生产过程中发现原装短少,乙方需按短少数量和最小单位包装数量和体积补偿或依元器件单位核算金额赔偿。

5.8 乙方因交货延误造成甲方停线,应按每小时1000元赔偿甲方停线损失。

5.9 甲乙方产品技术、商业机密在一方泄漏时,泄漏方要负责对另一方切经济损失赔偿及违约金(最低10万元以上)。

6.本协议内所赔偿处罚的金额原则上在相应批次的货款中扣除,特殊情况按月在乙方货款中扣除。

7.协议变更:对本协议有内容变更或追加事项时,可以在供需双方共同协议下进行。

8.生效时间:甲乙双方签认本协议后最初来往时即开始生效。

9.争议处理:乙方对甲方的处理有异议时,应在7个工作日内以书面形式向甲方提出，逾期视为认可甲方的处理意见，异议情况下由双方协商解决或提交甲方所在地法院诉讼解决。

10.如乙方违反以上任一点视为违约，违约金为10万元。

本协议书一式叁份，双方代表签字后，本协议开始生效，甲方采购部门及质量部门各执一份，乙方一份。

甲方代表：　　　　　　　　　　　　乙方代表：
日　　期：　　　　　　　　　　　　日　　期：

## 6.2.4 做好验收审查工作

物料的验收控制是采购质量控制的重要一环。一般而言，企业会设立IQC部门，对供应商品质做确认与控制。因为这样能确定供应商交货的真实品质状况，以及分析和发现各种品质问题，并促使供应商的交货品质提升。而这也是目前每一个完整的企业都注重的。

#### 6.2.4.1 采购验收

采购验收的流程，如图6-9所示。

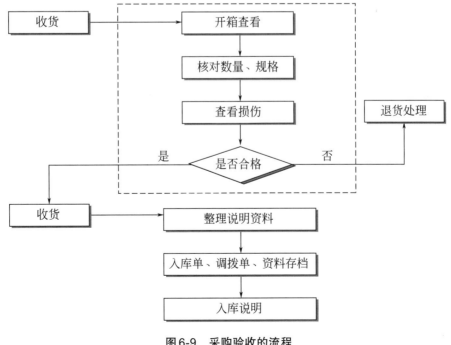

图6-9　采购验收的流程

验收重点为查看物料数量、规格是否和目标订购数量与规格相符合、是否有损伤。验收完毕后，填写进货验收单。

#### 6.2.4.2 采购检验

采购检验的方法，如图6-10所示。

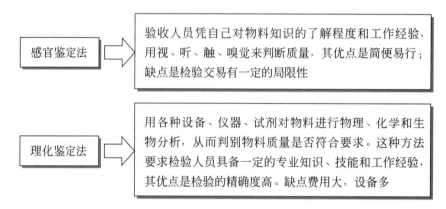

图6-10 采购检验的方法

采购检验的程序，如图6-11所示。

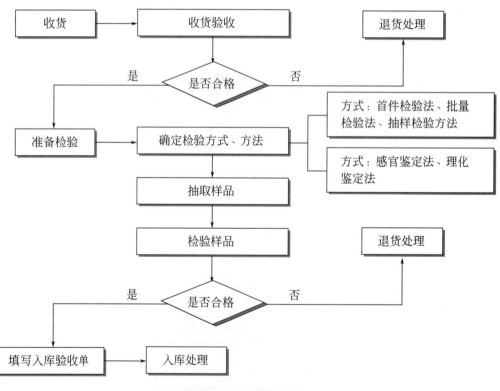

图6-11 采购检验的程序

#### 6.2.4.3 采购审查

采购审查是核对采购成本和采购成本构成项目正确与否。其包括以下两个方面的内容。

（1）查明是否按照购买价加装卸费、运输费、运输途中的合理耗损、保险费、入库前的整理挑选费用等计价。

（2）抽查、审阅采购材料的原始凭证（单据），并审查与记账凭证是否相符合。采购审查所用表格为采购审查表。

## 6.3 建立采购质量保证体系

采购质量保证体系是指企业以保证和提高采购质量，运用系统的原理和方法，设置统一协调的组织机构，把采购部门、采购环节的质量管理活动严密地组织起来，形成一个有明确任务职责、权限、互助协作的质量管理有机体系。而要建立起一个完善的、高效的采购质量保证体系，必须做到以下几点。

### 6.3.1 要有明确的采购质量目标

质量目标是采购部门遵守和依从的行动指南。而质量目标确定后，则要层层下达，以保证其实施。表6-2是某公司在其ISO 9001质量管理手册中确定的采购部的质量目标。

表6-2 采购部质量目标

| 序号 | 质量目标 | 计算方法 | 测量频次 |
| --- | --- | --- | --- |
| 1 | 原材料一次验收合格率≥96% | 一次验收通过原材料数÷验收总数 | 次/月 |
| 2 | 原材料准时交付率≥98% | 准时交付批次数÷总交付批次数 | 次/月 |
| 3 | 材料价格≤99%×材料市场同期价格 | 采购材料性价比优势是公司创造利润的重要组成部分 | 次/月 |
| 4 | 采购文件管理准确率=100% | 现有采购文件数量÷应有的采购文件数量 | 次/月 |
| 5 | 物料库存数量100%符合物料安全库存标准 | 同期（物料实际库存数量÷核定的物料安全库存数量）=1 | 次/月 |
| 6 | 不合格材料退货及时率≥99.5% | 采购部应全力做好对内、对外的服务工作，确保不合格材料存退料仓时间不超过2日（但有周期性规定的除外） | 次/月 |

续表

| 序号 | 质量目标 | 计算方法 | 测量频次 |
|---|---|---|---|
| 7 | 合格供应商开发数≥8 | 开发部的核心工作是不断开发符合公司要求的合格供应商，开拓富有竞争力的原材料供给渠道。从而确保公司的持续竞争力 | 次/月 |
| 8 | 供应商开发程序执行有效率=100% | 程序执行有效是规避企业内外部风险的基本要求，从而可建立系统的采购渠道开发流程 | 次/月 |
| 9 | 材料价格≤99%×材料市场同期价格 | 采购材料性价比优势是公司创造利润的重要组成部分 | 次/月 |
| 10 | 供应商开发资料完整率=100% | 现有供应商开发资料数量÷应有的供应商开发资料数量 | 次/月 |

## 6.3.2 建立健全采购质量管理机构和制度

### 6.3.2.1 采购质量机构

采购质量机构应能起到协调技术部门、使用部门与采购部门及协调供应商与采购部门的作用，使各方面配合得更好。由于企业生产类型、规模、工艺性质、生产技术特点、生产组织形式等的不同，采购质量管理专职机构在各个企业也不一样。一般来说，可以成立由采购副总经理领导下的采购质量管理小组（或委员会）；或者由采购部门设立一个单独的采购质量管理机构，而这种机构是企业领导执行采购质量管理职能的参谋、助手和办事机构。采购质量管理专职机构在采购质量管理保证体系中的主要职责如下。

（1）协助采购副总经理进行日常采购质量管理工作。

（2）开展采购质量管理宣传教育。

（3）组织采购质量管理活动。

（4）制定减低质量成本的目标和方案，协同财务部门进行质量成本的汇集、分类和计算。

（5）协调有关部门的采购质量管理活动。

（6）组织供应商的评估、采购产品的质量调查、进行采购质量评价等。

### 6.3.2.2 采购质量管理制度

建立采购质量管理制度，使采购质量管理工作事事有人管、人人有专职、办事有依据、考核有标准，使所有参与人员为保证和提高采购质量而认真工作。因此各个企业根据自己的情况所规定的质量管理制度的内容也有所不同,在此主要介绍几种,具体如表6-3所示。

表6-3 常见采购质量管理制度的内容要求

| 序号 | 制度 | 内容要求 |
|---|---|---|
| 1 | 进货检验控制制度 | 该制度应对进货的验收、隔离、标示、结果处理;进货检验或试验的方法及判断依据;所使用的工具量具、仪器仪表和设备的维护与使用;检验人员、试验人员的技能要求等方面作出规定 |
| 2 | 供应商选择评估制度(程序) | 该制度应就供应商选择、评估、体系的审核等确定明确的权责人员、作业程序及结果处理办法等 |
| 3 | 采购质量记录管理制度 | 可按照ISO 9000质量管理体系的要求来对采购质量的记录进行控制。采购质量记录包括两方面:一是与接收产品有关部门的记录,如验收记录、进货检验与试验报告、不合格反馈单、到供应商处的验证报告等;二是与可追溯性有关的质量记录,如验收记录、发货记录、检验报告、使用记录(出、入库单)等。对以上采购记录一定要按相关制度的规定进行填写、传递、保管 |

## 6.3.3 建立健全采购质量标准化体系

采购标准包括国际标准、国家标准、行业标准和企业标准。而采购标准化则意味着可以简化采购工作量,意味着采供双方在达成协议时有明确的尺寸、质量、规格。因此通过加强采购标准化工作,可以保证质量、减少采购的品种、降低库存,从而降低最终产品的成本。

采购标准化是指采购物资或服务时,尽量采购那些已经形成某种标准的产品或服务,如采购按国际标准制造的零件或部件而不是去购买定制的零部件。因此一个标准化程序是为减少一个组织所购产品和服务种类而设计的程序;一个系统的标准化程序就是努力保证采购通用的产品和服务。

### 6.3.3.1 标准化程序的作用

如果采用标准化程序,所采购的产品或服务的范围将会大大缩小,从而可以带来如下好处。

(1)因为增加了物品的通用性,从而减少了物品的库存,降低了库存成本。

(2)采购商的产品有更大的一致性,从而使得服务也标准化了。

(3)需求可以集中于更少的供应商,从而减少了供应商的数量。

(4)因为减少了品种、增加了数量,就改进了谈判的范围,从而可以争取更好的商业条款,例如价格、运输和其他像付款这样的合同条款。

(5)实现更少的订单,这样可以简化管理并且使用户的需求可以更高效地得到满足。

(6)提供指定产品和服务的供应商能加深对采购商要求的理解,也可以更好地计划未来。

#### 6.3.3.2 标准化程序的建立

并不总是要选择最便宜的产品或服务作为选定的标准。由于用户对这样的变化有抵触情绪,便宜的产品或服务可能代表更低的特性和特征,所以这样的选择反而会降低生产力。标准化程序应当使供应的总成本降低,因此执行标准化程序应注重这些方面,而不仅仅是注重采购价格。

标准化程序首先应确定采购的高使用价值的产品和服务。有一种方法是根据使用价值来分类的,即帕累托(Pareto)方法可以把采购物品分为三种类型。如表6-4所示。

表6-4 采购物品的ABC分类

| 类别 | 占总品种数量的百分比 | 占总采购价值的百分比 |
| --- | --- | --- |
| A | 10% | 70% |
| B | 20% | 20% |
| C | 70% | 10% |

帕累托(Pareto)方法告诉我们,在所有的采购中,一般有这样的规律,占总采购价值80%的商品,其品种数量仅占总品种数量的20%。因此我们可以按照管理的优先级进行,首先对这20%的商品进行标准化,即首先选择此类产品进行标准化,以此来改善采购战略中关于采购的控制。

### 6.3.4 加强质量教育、强化质量意识

在企业中形成一种质量教育、强化质量意识的文化,在工作中把质量教育作为采购质量管理的"第一道工序"来抓。

# 第7章 采购成本控制

> **引言**
> 采购成本控制是指对与采购原材料部件相关的物流费用的控制,包括采购订单费用、采购计划制订人员的管理费用、采购人员管理费用等。控制采购成本对一个企业的经营业绩至关重要。采购成本下降不仅体现在企业现金流出的减少,而且直接体现在产品成本的下降、利润的增加,以及企业竞争力的增强。

## 7.1 采购成本的构成

采购成本是指因采购活动而引起的成本,它包括维持成本、订购成本及缺料成本,但不包括物料的价格。

### 7.1.1 维持成本

维持成本是指为保持物料而发生的成本,它可以分为固定成本和变动成本。固定成本与采购数量无关,如仓库折旧、仓库员工的固定工资等;变动成本则与采购数量有关,如物料资金的应计利息、物料的破损和变质损失、物料的保险费用等。维持成本主要由图7–1所列项目组成。

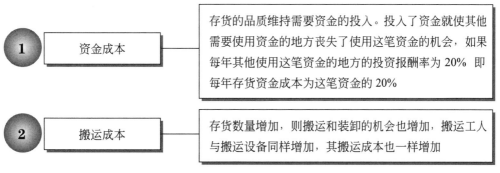

图7-1

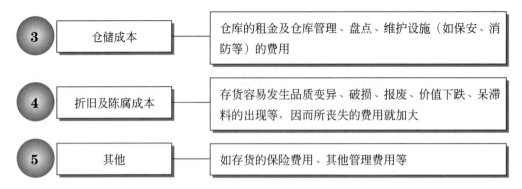

图 7-1 维持成本的组成项目

## 7.1.2 订购成本

订购成本是指企业为了实现一次采购而进行的各种活动的费用，如办公费、差旅费、邮资、电报电话费等支出。具体地说，订购成本包括与图 7-2 所列活动相关的费用。

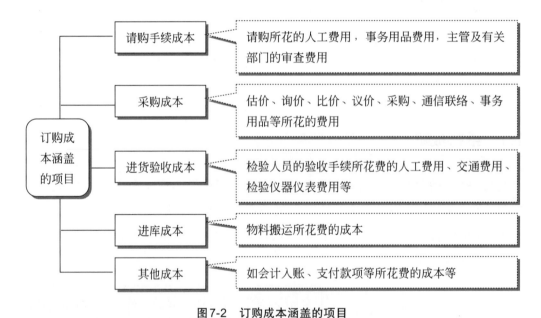

图 7-2 订购成本涵盖的项目

## 7.1.3 缺料成本

缺料成本是指由于物料供应中断而造成的损失，包括待料停工损失、延迟发货损失、丧失销售机会损失和商誉损失。如果损失客户，还可能为企业造成间接或长期损失，如图 7-3 所示。

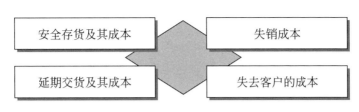

图 7-3 缺料成本的组成

#### 7.1.3.1 安全存货及其成本

许多企业都会考虑保持一定数量的安全存货，即缓冲存货，以防在需求或提前期方面的不确定性。但是困难在于确定何时需要保持多少安全存货，因为存货太多意味着多余的库存；而安全存货不足则意味着断料、缺货或失销。

#### 7.1.3.2 延期交货及其成本

延期交货可以有两种形式：① 缺货可以在下次规则订货中得到补充；② 利用快速运送延期交货。如果客户愿意等到下一个周期交货，那么企业实际上没有什么损失，但如果经常缺货，客户可能就会转向其他企业。

如果发生延期交货，那么就会发生特殊订单处理和送货费用。对于延期交货的特殊订单，处理费用相对于规则补充的普通处理费用要高。由于延期交货经常是小规模装运，送货费率相对要高，而且，延期交货可能需要长距离运输，另外，可能需要利用快速、昂贵的运输方式运送延期交货的货物。因此，延期交货成本可根据额外订单处理费用和额外运费来计算。

#### 7.1.3.3 失销成本

尽管一些客户可以允许延期交货，但仍有一些客户会转向其他企业，在这种情况下，缺货导致失销。对于企业的直接损失是这种货物的利润损失，这样，可以通过计算这种货物的利润乘以客户的订货数量来确定直接损失。除了利润的损失，还应该包括当初负责这笔业务的销售人员的人力、精力浪费，这就是机会损失。

很难确定在一些情况下的失销总量。例如，许多客户习惯电话订货，在这种情况下，客户只是询问是否有货，而未指出要订货多少；如果这种产品没货，那么客户就不会说明需要多少，对方也就不会知道损失的总量。同时，也很难估计一次缺货对未来销售的影响。

#### 7.1.3.4 失去客户的成本

由于缺货而失去客户，即客户永远转向另一家企业。若失去了客户，也就失去了未来一系列收入,这种缺货造成的损失很难估计,需要用管理科学的技术以及市场营销研究方法来分析和计算。除了利润损失,还有由于缺货造成的信誉损失。信誉很难度量,因此在采购成本控制中常被忽略,但它对未来销售及客户经营活动来说,却非常重要。

## 7.2 采购成本控制方法

### 7.2.1 ABC分类控制法

一般来说,企业的物资种类繁多、价格不等、数量不均,有的物资品种很多但价值不高。由于企业的资源有限,因此,对所有品种均给予相同程度的重视和管理是不可能的,也是不切实际的。为了使有限的时间、资金、人力、物力等企业资源能得到更有效的利用,应对物资进行分类,将管理的重点放在重要的物资上,进行分类管理和控制,即依据库存物资重要程度的不同,分别进行不同的管理,这就是ABC控制方法的基本思想。

#### 7.2.1.1 ABC三类物品的区分

ABC三类物品的区分如表7-1所示。

表7-1 ABC三类物品区分表

| 类别 | 价值 | 数量 |
| --- | --- | --- |
| A类 | 高值,占采购总值70%~80% | 少数,15%~20% |
| B类 | 中值,占采购总值15%~20% | 居中,30%~40% |
| C类 | 低值,占采购总值5%~10% | 大多数,60%~70% |

#### 7.2.1.2 ABC三类物品控制方法

(1)控制程度

① 对A类物品应尽可能地严加控制,包括最完备、最准确的记录,最高层监督的经常评审。

② 对B类物品做正常控制,包括良好的记录与常规的关注。

③ 对C类物品应尽可能使用最简便的控制,诸如定期目视检查库存实物、简化的记录或只有最简明的标志法表明补充存货已经订货了,采用大库存量与订货量以避免缺货,另外安排车间日程计划时给予低优先级就可以了。

（2）采购记录

① A类物品要求最准确、最完整与明细的记录，要频繁地甚至实地更新记录，对事务文件、报废损失、收货与发货的严密控制是不可能缺少的。

② B类物品只需正常地记录处理、成批更新等。

③ C类物品不用记录或只用最简单的成批更新、简化的记录。

（3）优先级

① 在一切活动中给A类物品以高优先级，以压缩其提前期与库存。

② B类物品只要进行正常的处理，仅在关键时给予高优先级。

③ 给C类物品以最低的优先级。

（4）订货过程

① 对A类物品提供仔细、准确的订货量。

② 对B类物品，每季度或当发生主要变化时评审一次EOQ与订货点。

③ 对C类物品不要求做EOQ或订货点计算，手头存货还相当多时就订上一年的供应量，使用评审、堆放等。

## 7.2.2 定期采购控制法

### 7.2.2.1 定义及计算公式

定期采购控制法是指按预先确定的订货间隔期间进行采购、补充库存的一种采购成本控制方式。企业根据过去的经验或经营目标预先确定一个订货间隔期间，每经过一个订货间隔期间就进行订货，每次订货数量都不同，其中订货量的确定方法为：

$$订货量 = 最高库存量 - 现有库存量 - 订货未到量 + 顾客延迟购买量$$

### 7.2.2.2 优点

由于订货间隔期间确定，多种货物可同时进行采购，这样不仅可以降低订单处理成本，还可降低运输成本。另外，这种方式不需要经常检查和盘点库存，可节省这方面的费用。

### 7.2.2.3 缺点

由于不经常检查和盘点库存，对商品的库存动态不能及时掌握，遇到突发性的大量需要，容易造成缺货现象带来的损失，因而企业为了应对订货间隔期间内需要的突然变动，往往库存水平较高。

#### 7.2.2.4 适用范围

定期采购控制法适用于品种数量大、占用资金较少的企业的商品采购成本控制。实际上，订货周期也可以根据具体情况进行调整。例如：根据自然日历习惯，以月、季、年等进行调整；根据供应商的生产周期或供应周期进行调整等。

### 7.2.3 定量采购控制法

定量采购控制法是指当库存量下降到预定的最低库存数量（采购点）时，按规定数量（一般以经济批量EOQ为标准）进行采购补充的一种采购成本控制方式。当库存下降到订货点（也称为再订货点）时马上按预先确定的订货量（Quantity，Q）发出订单，经过前置时间（Lead Time，LT），收到订货，库存水平即上升。

#### 7.2.3.1 实施要点

采用该控制法必须预先确定订货点和订货量。

（1）订货点

通常采购点的确定主要取决于需求率和订货、到货间隔时间这两个要素。在需要固定均匀地订货、到货间隔时间不变的情况下，不需要设定安全库存，订货点由下式确定：

$$E = LT \times D \div 365$$

式中，$D$——代表每年的需要量（Demand）。

当需要发生波动或订货、到货间隔时间变化时，订货点的确定方法则较为复杂，且往往需要安全库存。

（2）订货量

订货量通常依据经济批量的方法来确定，即以总库存成本最低时的经济批量（EOQ）为每次订货时的订货数量。

#### 7.2.3.2 定量订货方式的优点

由于每次订货之前都要详细检查和盘点库存（看是否降低到订货点），因此能及时了解和掌握库存动态。因每次订货数量固定，且是预先确定好了的经济批量，方法简便。

#### 7.2.3.3 缺点

必须经常对商品进行详细检查和盘点，工作量大且需花费大量时间，从而增加了库存保管维持成本。该方式要求对每个品种单独进行订货作业，这样会增加订货成本和运输成本。

#### 7.2.3.4 适用范围

定量订货方式适用于品种数目少但占用资金大的物品，即A类物品。

### 7.2.4 经济订货批量控制法

订货数量的决定影响到订货次数。大量订货，通常可减少采购费用，但会提高存货维持成本。少量订货常可使存货维持成本达到最小，但却会提高订货成本（除非进行电子数据交换并使用快速反应存货系统）。

经济订货批量是使订单处理和存货占用总成本达到最小的每次订货数量（按单位数计算）。订单处理成本包括使用计算机时间、订货表格、人工及新到产品的处置等费用。维持成本包括仓储、存货投资、保险费、税收、货物变质及失窃等。企业无论大小都可采用EOQ计算法。

订单处理成本随每次订货数量增加而降低（按单位数平摊的增加而下降，因为只需较少的订单就可买到相同的全年总数），而存货成本随每次订货数量的增加而增加，因为有更多的物品必须作为存货保管，且平均保管时间也更长，这两种成本加起来就得到总成本。

由于需求、价格上涨、数量折扣及可变的订货成本和维持成本等方面的变化，必须经常修订EOQ，具体方法可参见相关专业书籍。

### 7.2.5 成本分析法

#### 7.2.5.1 成本分析的内容

成本分析是指就供应商所提报的成本估计，逐项作审查及评估，以求证成本的合理性与适当性。

（1）成本估计中的项目

① 工程或制造的方法。

② 所需的特殊工具、设备。

③ 直接材料、间接材料及人工成本。

④ 制造费用或外包费用。

⑤ 管理、营销费及税金、利润。

（2）成本分析工作点

成本分析也就是查证前述各项资料的虚实，这包含了两项工作。

① 会计查核工作：必要时，可查核供应商的账簿和记录，以验证所提供的成本资料的真实性。

② 技术分析：指对供应商提出的成本资料，就技术观点所作的评估，包括制造技术、品质保证、工厂布置、生产效率及材料损耗等，此时采购部门需要技术人员的协助。

#### 7.2.5.2 成本分析的运用

（1）须进行成本分析的情形

采购人员要求进行成本分析，通常以下列情形最为常见。

① 底价制定困难。

② 无法确定供应商的报价是否合理。

③ 采购金额巨大，成本分析有助于将来的议价工作。

④ 运用企业规范化的成本分析表，可以提高议价的效率。

（2）增进成本分析的能力

增进自己从事成本分析的能力，以下是可以加强的途径。

① 利用自己的工作经验。

② 向厂商学习（了解他们的制程）。

③ 建立简单的制度，如成本计算公式等。

④ 养成分析成本、比价和议价的观念。

#### 7.2.5.3 成本分析表的提供方式

① 由各报价厂商自行提供。

② 由采购单位事先编订规范化的报价单或成本构成表，如表7-2所示，提供给所有供应商统一填报。

表7-2 采购成本构成表

单位：件　　　　金额：　　　元；　　重量：＿＿＿kg

| 供应商名称 | | | | 日期 | |
|---|---|---|---|---|---|
| 物资名称与规格 | | | 技术标准 | 零件净重 | |
| 成本、费用构成明细 | | | | | |
| 一 | 直接成本 | | | | |
| 1 | 直接材料 | | 直接材料小计 | | |
| （1） | 原材料 | 定额 | 单价（KG） | 金额 | |
| | | | | | |
| | 原材料小计 | | | | |

续表

| 成本、费用构成明细 | | | | |
|---|---|---|---|---|
| 一 | 直接成本 | | | |
| （2） | 加工工序 | 定额 | 单价 | 金额 |
|  |  |  |  |  |
|  |  |  |  |  |
|  |  |  |  |  |
|  |  |  |  |  |
|  |  |  |  |  |
| （3） | 余废料（减项） | 定额 | 单价 | 金额 |
|  |  |  |  |  |
|  | 余废料小计 |  |  |  |
| （4） | 外购件 | 定额 | 单价 | 金额 |
|  |  |  |  |  |
| 2 | 直接人工 |  |  |  |
| 二 | 制造费用 |  |  |  |
|  | 设备折旧 |  |  |  |
|  | 燃料动能 |  |  |  |
|  | 其 他 |  |  |  |
| 三 | 管理费用 |  |  |  |
| 四 | 销售费用 |  |  |  |
| 五 | 财务费用 |  |  |  |
| 六 | 税 金 |  |  |  |
| 七 | 利 润 |  |  |  |
| 八 | 报价（含税） | 税率（%） | | 17% |

编制单位（盖章）：　　　　　　代表人（签名）：

说明与要求：

1.本表以单件（零部件）、单位重量（原材料，1kg）为单位计算；计算单位有变化的，请注明；交货地点为需方所在地；如有不同请注明；必要时，对其他需要说明的事项做出说明，如付款方式、交货状态、有效期等；根据需要，可以在表内相应栏目下添加空行。

2.制造费用、管理费用、销售费用、财务费用统计口径按照国家会计准则规定口径执行。

## 7.3 采购成本降低的策略

### 7.3.1 产品设计时优化选材

产品设计时优化选材，就是在产品设计生产时，选用最合适的材料而不是最贵的材料，使产品在保持性能的同时达到最低成本。

#### 7.3.1.1 产品设计时选材与成本的关系

这种方法主要应用在新产品的开发阶段，俗语说"万事开头难""良好的开头是成功的一半"，在新产品的设计开发阶段就要充分考虑到产品以后的用途和性能，决定材料和配件的选用，尽量选用常用、通用的规格材料，不能一味地追求高质量、高价格，以合造的而不是最好的物料用于新产品中。这样才能提高产品及其零部件的标准化、系统化、通用化。使产品在保持性能满足市场要求的情况下达到成本最低。产品的设计开发处于开始阶段，一旦新产品定型，其所使用的物料也就基本确定，虽然日后可能会进行部分更改，但一般来说幅度不会很大，也就是说新产品的成本基本确定。当然，也可通过日后对材料降价降低采购价格，但这种降价带来的收益是十分有限的。然后再根据产品以后的用途，采用先进的科学技术设法去掉一些无用或不需用的零部件；设法节约材料的使用或另找别的便宜的材料代用。这样一来，可以把产品的功能与成本确定在最优方案上，既降低产品成本，提高产品质量，也使产品发挥出最好的作用，使产品在保持性能满足市场要求的情况下达到成本最低，并给企业带来了更大的利润。

#### 7.3.1.2 产品设计时选材的要点

（1）尽量采用能再生利用的材料和资源

在各系统及部件设计中所选用的材料尽量是可回收、易分解、能再生而且在加工和使用过程中对环境无害的材料，特别是结构件的设计应尽可能采用比较容易装配和分解的大模块化结构和无毒材料，提高工程机械材料的再生率。

（2）设计人员一定要有成本意识

在产品的设计开发阶段就对所用物料、部件进行权衡选择，使零部件和产品的市场定位相匹配，做到合理成本，防止出现"质量过剩"或"质量不足"现象，使产品具有最佳的性价比。

## 7.3.2 加强成本核算

加强成本核算,就是通过一些科学的方法对产品的零部件成本进行核算和评估,确保价格的合理性。

如果采购人员能通过核算得出一个价格的范围,防止出现价格过高的情况,就能在采购时压低价格从而降低产品成本。

成本核算从以下三方面进行。

### 7.3.2.1 估计供应商产品成本

以前的采购管理只是过多地强调公司内部的努力,而要真正做到对采购成本的全面控制,仅靠自己内部的努力是不够的,应该对供应商的成本状况有所了解。只有这样,才能在价格谈判中占主动地位。

采购一般分为材料采购和零部件采购。原材料的价格比较好确定,主要是高场价格。要获得零部件的价格就比较复杂了,要得到第一手的资料,采购人员可以参观供应商的生产过程,并适当地询问取得数据。一般零部件价格包括:材料费、加工费、管理费、运输费、利润等。与此同时,还要了解零部件的材料、制造该零部件的人员数量,以及用于生产过程的总投资。

### 7.3.2.2 估计竞争对手的产品成本

对竞争对手进行分析的目的是要明确与竞争对手相比的成本态势如何。我们的优势在哪里,优势和劣势的根源是什么,是源自所处的不同环境,或是企业内部结构、技术、管理等一系列原因。然后从消除劣势、保持优势入手,制定在竞争在战胜对手的策略。只有这样才能使企业保持业界领先地位,并最终盈利、长久地生存下去。

在有些时候,对手的价格会比我们的价格低,原因就在于对手在用料和结构方面都优于我们。例如:使用的钢板比我们的薄、零部件的结构更合理、生产工序更科学等。在发现这些问题的同时,就必须进行一系列的改进。在改进时,要分析对方生产中的优点和缺点,在本企业进行改进。这样可以有效地降低成本,使自己的产品更具市场竞争力。

### 7.3.2.3 评估市场销售情况

在采购人员引进一种新产品前,必须对该产品的市场销售情况有一个较深的了解。首先,加强市场调查研究工作;其次,确定销售利润;最后,确定采购时间和采购量。例如:在引进化妆品时就必须根据当地居民的皮肤质量、气候状况、消费水准及消费习惯进行判断。比如：某系列化妆品大部分属油性，适合干性皮肤使用，而当地处于潮湿、闷热的地域，居民油性皮肤居多，就可以根据当地的情况，改变化妆品的品种，这样才会有好的销路。

### 7.3.3 集中采购

集中采购，就是将分散的采购工作集中起来进行，从而形成规模优势，在购买中通过折扣、让利等方式实现降低采购成本的目的。

集中采购是降低采购成本的基本方法之一。许多企业建立集中采购部门，对生产性原料或非生产性物品进行集中采购的规划和管理，一定程度上减少了采购物品的差异性，提高采购服务的标准化，减少了后期管理的工作量。

大家都有这种经验，在买东西的时候，随着批量的增加采购的价格也会不断的降低。集中采购法就是采用这种方法，通过大批量的采购，争取到最优惠的价格。例如：某厂家规定以100件/日的销售量为底线，每增加10件返利2%，增加50件以上返利3%。大批量采购促使采购成本下降。因此判断好市场销售前景的情况下，以提高采购量来得到供应方的低价优惠和返利政策，比小批量频繁的采购要节省许多采购成本。而且采购量越大采购成本越低。

应用集中采购法必须做到以下几点。

#### 7.3.3.1 集中采购要实施集中管理

也就是说，商品采购计划、采购工作、供应工作都集中于物资管理部门，使其便于发挥大规模、成批量采购的优势。如不实行集中管理，造成多头采购，必然形成管理混乱、成本失控的局面。

电缆是海尔集团众多产品都要使用的部件为了做到集中采购，采购部门和产品设计部门通力合作，对空调、洗衣机、电冰箱等产品所用到的电缆进行了统一重新设计，能够标准化的标准化，能通用的部件尽量使用能用部件。通过这些措施，海尔集团采购的电缆由原来的几百种减少到十几种。采购产品种类减少，才能实现集中采购。据调查，仅这一项改进，使海尔集团在电缆采购上节约了大约20%的成本。

#### 7.3.3.2 集中采购要制订采购计划

制订采购计划是集中采购的前提条件。集中采购计划表如表7-3所示，计划的制订是根据市场的调查情况和收集的信息，再根据企业自身的特点制订一份适合本企业经营状况的计划书。

一份好的采购计划书可以达到以下目的。

（1）预计材料需用的时间和数量，防止供应中断，影响生产销售活动。

（2）避免材料储存过多，积压资金，以及占用堆积的空间。

（3）配合企业生产与资金调查。

（4）使采购部门事先准备选择有利时机购入材料。

（5）确定材料耗用标准以便管制材料采购数量及成本。

表 7-3　集中采购计划表

填报部门：_____　　　　填报日期：_____

| 序号 | 需求到货时间 | 采购项目（金额单位：元） | | | | | | 采购预算（金额单位：元） | | | 建议采购方式 | 备注 |
|---|---|---|---|---|---|---|---|---|---|---|---|---|
| | | 名称 | 规格型号 | 单位 | 材质/质量要求 | 单价 | 数量 | 合计 | 预算内资金 | 预算外资金 | | |
| 1 | | | | | | | | | | | | |
| 2 | | | | | | | | | | | | |
| 3 | | | | | | | | | | | | |
| 4 | | | | | | | | | | | | |
| 5 | | | | | | | | | | | | |
| 6 | | | | | | | | | | | | |
| 7 | | | | | | | | | | | | |
| 8 | | | | | | | | | | | | |
| 9 | | | | | | | | | | | | |
| 10 | | | | | | | | | | | | |
| 11 | | | | | | | | | | | | |
| 12 | | | | | | | | | | | | |
| 合计 | | | | | | | | | | | | |

填报人：　　　　　　　　　审核人：

总经理意见：_____

#### 7.3.3.3　集中采购要制定合理采购方案

材料采购是企业与市场联系的纽带，制定合理的采购方案是降低采购成本的有效措施。对需采购的材料，采购人员要根据企业审定的渠道，根据到站情况、运输方式逐一测算采购总成本，以到达使用地的"到达价"作为比价依据，用比较法确定最佳方案。

如一项工程需用6000吨，经测算初步确定使用A集团和B厂的水泥，两厂到达价的测算如表7-4所示。

表7-4 两厂到达价的测算表

| 厂名 | A集团 | B厂 |
| --- | --- | --- |
| 出厂价 | 295 | 300 |
| 运杂费（火车） | 65 | 55 |
| 运杂费（汽车） | 20 | 20 |
| 采购总成本 | 228万 | 225万 |

经过测算，工程决定使用B厂的水泥，较A集团节省了3万元。

#### 7.3.3.4 集中采购要减少分散采购途径

集中采购就是要与具备大批量供货能力的供货方建立长期的供需关系，并签订合同。既然供需关系已经确定，只要此供货方有本企业所需要的物料就不能再到别家去进货，除非质量和价格都优于此家供应商。要实行货比三家、就地就近的原则。还要经常核实供货方是否具备供货及时、质量优良、价格合理、服务周到的能力。据此确定是否继续维持供需关系。与诚实、讲信誉的供应商合作，不仅能保证供货的质量、及时的交货期，还可以得到价格优惠。

### 7.3.4 进口部件国产化

国产化降价法，就是通过将进口部件由国内厂家生产、提供，从而实现降低采购成本的方法。

把国产化作为降低采购成本的方法是由我国的实际情况决定的，很多生产企业都有部分零部件是从国外进口的，而且多是关键部件，成本一般都较高。而我国目前的生产资料价格都比较低，而且很丰富。这些零部件若能在国内生产，别的不说，光是运费和关税等费用就可以节省很多。实际上国产化的零部件带来的成本降低往往是出人意料的。因此，采购国产零部件无疑是降低采购成本极其重要的手段之一。但要实现国产化，并不是一件容易的事。首先，这些进口部件一般技术含量都很高，这对将要进行国产化的厂家提出了更高的要求；其次，即使国内有这样的厂家，也是非常少的，这就得提高企业采购员寻源的能力了。

#### 7.3.4.1 改进产品制造工艺

制造工艺是影响产品的质量与水平的最重要的方面，国内产品与国外产品的差距也主要体现在工艺上。因此在产品的开发决策时，必须考虑配套的工艺。

### 7.3.4.2 加强质量控制

进口备件国产化涉及产品设计质量、所选用的材料质量、加工质量、装配及工艺质量等，而这些最终会影响到备件的质量和可靠性。为保证国产件质量，就要在备件的制造、使用、检查等环节进行质量把关。

## 7.3.5 电子采购法

在信息时代，降低采购成本的方法和思路应建立在以计算机为中心的信息管理系统的基础上。如果没有一整套高效的信息管理系统。降低采购成本将一筹莫展。而现代采购过程中之所以经常出现问题，是由于过多的人为因素和信息不畅通的问题，在最大限度上降低采购成本。

### 7.3.5.1 利用互联网收集和发布信息

我们可以利用互联网对采购信息进行整合处理，把公司的需求统一汇总到总部。然后根据互联网上供应商的信息，进行价格、质量、服务的比较，再统一从供应商订货，以获得大批量的折扣。

美国的沃尔玛大型连锁超市就是通过其零售管理系统，将需要采购的信息统一汇集到总部，然后由总部通过网络向供应商批量订购，获得最大限度的实惠。

### 7.3.5.2 利用互联网提高工作效率

利用网络将生产信息、库存信息和采购信息连接到一起，可以实现及时订购，企业可以根据订购信息最大限度地降低库存。减少库存的好处是：一方面减少资金占用和仓储成本；另一方面可以避免价格波动对产品的影响。

美国的戴尔电脑公司通过其灵活的网上采购系统，将其零部件库存时间压缩到一周以内，而其他电脑公司则长达一个月甚至三个月。对于计算机硬件产品一天一个价而且不断下降的行业来说，积压库存就意味着产品的零部件价格总比现在价格高。这也是戴尔电脑公司为什么总是以比同行低15%的价格优惠销售的重要原因之一。

### 7.3.5.3 减少人为因素的影响

通过互联网实现库存、订购管理的自动化和科学化可最大限度减少人为因素的干预。

同时能以较高的效率进行采购，可以节省大量的人力和避免人为因素造成不必要的损失。例如：一个企业派采购员到外地采购，其中包括出差人员的车船费、餐旅费和补助费，这无形之中就增加了采购费用，而且增加了企业的生产周期。

### 7.3.5.4　实现信息共享

通过互联网可以与供应商进行信息共享，可以帮助供应商按照企业生产需要进行供应，同时又不影响正常生产和增加库存产品。例如：美国的波音公司为满足世界各地航空公司对公司零部件的需求，在互联网上设立零部件网页，各地用户可以直接通过网页与零部件供应商直接联系获取支持，一方面提高了波音公司对用户的服务速度，降低成本，另一方面，用户可以以最快的速度获得支持，避免中间环节。

# 第8章 网上采购

> **引言** 网上采购是电子商务的一种具体形式。利用网络采购可以大大避免传统采购的不足,更有利于企业的采购与采购管理,充分体现采购在企业运行中的地位与作用,能够更好地完成采购目标任务。

## 8.1 拥抱"互联网+",开启采购新时代

从未来商业终端网点发展来看,商场(超市)等传统商业业态将长期存在,但由于其分布散、需求杂等特点,导致其采购、配送、销售比较分散,亟待大型专业化、信息化电商平台出现。在"互联网+"时代,不少传统商场(超市)正在尝试用互联网思维变革企业发展模式,加强在商业信息沟通、现金流支付、物流配送、人员服务等方面的互联共通,迅速抢抓电子商务发展机遇。

### 8.1.1 "互联网+"下大数据驱动的采购与运营

大数据可以让企业在海量的搜索或者消费过程中发现消费者对产品的不同热度。而在企业运营层面,由于在互联网渠道能够采集到从设计端、生产端、销售端,再到消费端,整个过程中海量的大数据,零售企业就可以用这些数据驱动采购、经营的优化,具体如图8-1所示。

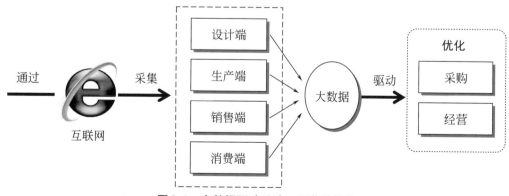

**图8-1** 大数据驱动采购、经营的优化

降低采购成本来实现企业利润的增加,是继改进生产工艺、减低原材料消耗和增加销售量、提高销售利润率之后企业的第三利润源,并且可能是最后一个尚未被开发的利润源。世界500强企业大多建立了全球集中采购网络系统,构建了强大供应链体系,成为驱动企业发展的重要动力。

正如打造沃尔玛全球采购网络平台的沃尔玛副总裁崔仁辅所言,沃尔玛的全球采购网络平台是一个开放的互联网系统,面向所有供应商开放,形成了高效的供应商合作关系。

## 8.1.2 "互联网+"下的企业采购优势

电子商务专家认为,实体经济和虚拟经济紧密结合起来才是"互联网+",而电子采购就是将这两者巧妙地结合了起来。

采购是供应链的起点,采购优化不仅帮助企业降本增效,还能推动企业实现与供应商、客户、社会的"四赢",创造更大的商业价值,这正是当下传统企业最需要的。

业内人士指出,互联网大数据技术环境下,企业商业格局被改变,电子商务推动企业采购管理进入如图8-2所示的"互联网+采购管理"新趋势,促使企业从单纯关注内部价值链扩展到与外部互联,拥抱"互联网+",构建供需无界的产业链级商业网络。

图8-2 "互联网+采购管理"的新趋势

"管控、共享、协同"是当前零售企业建设电子采购平台的三个方略,通过ERP与第三方集成互联,把企业内部采购、仓储、生产、销售等供应链环节进行"横向一体化"扩展,把供应商、企业、经销商、客户组成一条商业生态链,实现企业供应链的全过程管理,为最优成本、阳光反腐、提高效率提供有力支撑。

从互联网的特性来看,互联网是一个没有边界24小时实时去中心化的平台。目前互联网采购模式的优势尽显,具体如下。

#### 8.1.2.1 整合供应商,提高企业议价能力

通过互联网化采购可以将公司的采购规模集中化,从而通过规模化采购提高企业的议价优势,从供应商获得更物美价廉的产品。

#### 8.1.2.2 打通供应链上下游,实现信息对称

传统的企业采购链条太长,彼此之间信息不对称,企业之间的沟通容易形成信息损耗。而通过互联网化将使得供应链上下游能够快速沟通,减少信息之间的不对称,提升管理效率。

#### 8.1.2.3 简化采购流程

从选择、下单、审批、配送、发票开具到售后,一整套繁复的流程一键即可搞定。从管理上,企业采购市场正在面临巨大的变化。传统的企业采购流程为提出采购需求——采购申请——领导批复——线下采购——贴票——打款——报销,整个过程层级批复,需要涉及老板、行政、财务、出纳等角色,效率极低。有媒体估算,以100人规模的企业为例,从纸笔到大型设备,都需要和采购人员对接,年中和年底盘点至少需要2~3个人花半个月时间,公司至少要为此付出10万到20万元的人力成本。而中国中小企业的互联网意识正在迅速提升,努力通过互联网化的手段提升管理效率,这是企业竞争到精细化阶段的诉求,对于新生代员工而言,也不愿意在复杂的程序中牵扯太多的精力。

#### 8.1.2.4 集中采购管理,分散配送

解决规模大、地域分散的大型企业采购难题。在过去的企业管理模式下,大型集团公司各个层面都有采购权限,企业采购权限分散化,这会造成总部的管理权限减弱。而采购的配送点的选择也不太科学合理。通过和互联网采购平台合作,将互联网采购平台分散于全国的物流节点,节约配送经费。近年来互联网公司积极在物流系统上进行投入,将智慧注入物流网络,可以通过物流节点的设置和物流需求预测等方式,极大地提升物流管理的效率。

#### 8.1.2.5 采购过程透明化

采购过程全程信息化、透明化,避免暗箱操作及操作失误造成资源浪费。通过互联网采购,每一个环节都在网络上清晰可见,节点可控,从而杜绝了人为控制造成腐败的情况。

#### 8.1.2.6　提升管理科学化水平

采用云计算、大数据、人工智能等新技术，科学合理地配置管理资源，可以将需求迅速反馈到供给方进行C2B定制。中国的企业管理改革在发展过程中，不断地走向一条更加科学化的管理路径，凭感觉管理和凭常识管理的现象逐渐减少，提升了中国企业管理科学化的水平。而随着技术的发展，大数据、云计算、人工智能等技术可以在采购管理上发挥更大的作用。具体来说，就是可以通过系统将更多的供应商纳入采购系统中，通过自动匹配最合适的供应商完成自动化采购流程，同时采购系统可以根据产生的大量管理数据自动化选择最合适的采购产品。同时将公司管理中产生的大量数据推送到供应商反向定制产品，同时可以通过采购数据分析公司的管理经营情况，优化企业管理模式。

随着移动互联网、物联网、云计算、大数据等技术不断发展，采购交易方式日渐成熟，"互联网+采购"以其采购专业价值、低风险、高效率和采购节约率的优势大力推动企业发展。"互联网+采购"必将革新传统采购模式，成为采购新生态，阿里巴巴大企业采购将会继续与各大企业及生态伙伴一起持续引领"互联网+采购"的大趋势，赋能企业采购供应链转型升级。

## 8.2　网上采购的认知

网上采购是一种适应时代发展的先进采购模式，具有公开、透明、快捷和低成本等特点，能够有效地避免采购过程中的腐败和风险，提高采购效率。

### 8.2.1　网上采购的概念

网上采购是指用户以Internet为媒介，以通过特制研发的采购商的买方交易系统或供应商的卖方交易系统为基础，或者第三方的交易平台完成采购行为的一种交易方式。主要包括如图8-3所示的流程。

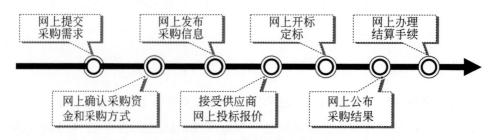

图8-3　网上采购包括的流程

## 8.2.2 网上采购的分类

网上采购，一般可分为招标采购、竞价采购、谈判采购和直接采购等。

### 8.2.2.1 招标采购

招标采购又分为公开招标采购和邀请招标采购，具体方式如图8-4所示。

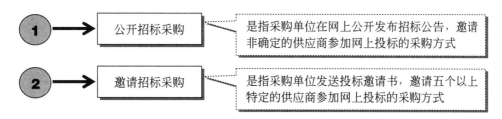

图8-4 招标采购的方式

### 8.2.2.2 竞价采购

竞价采购又称"逆向拍卖采购"，是招标采购和网上竞价相结合的一种采购方式，它通过供应商在线降价竞争，使采购商获得一个最优惠的价格，大幅度降低采购成本。网上竞价采购广泛运用于工业品采购、政府采购及全球采购等领域。

例如，沃尔玛、家乐福、IBM、微软等知名跨国企业都运用网上竞价进行全球采购。

### 8.2.2.3 谈判采购

谈判采购是指采购实体通过与多家供应商进行谈判，最后从中确定中标供应商的一种采购方式。

### 8.2.2.4 直接采购

直接采购是指采购主体自己直接向物品制造厂家采购的方式。其特点如图8-5所示。

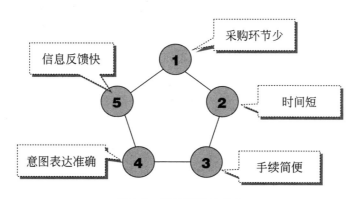

图8-5 直接采购的特点

> **提醒您：**
>
> 针对不同的采购对象，采购方可以选用不同的采购方式：办公用品等间接生产材料的采购一般选用竞价或直接采购；战略资源、重要的直接生产材料的采购一般选用招标或谈判采购；采购量较小的维修、服务资料的采购一般选用直接采购；技术性较复杂、非标准型产品或采购金额较大的材料一般选用招标或谈判采购。

### 8.2.3 网上采购的模式

目前，随着科技水平的提高和人们的不断追求，网络采购也在不断发展进步，由最初的单一网络交易模式，变得更加完善。就当前的应用而言，常见的网络采购模式有买方模式、卖方模式和中介模式三种。

#### 8.2.3.1 买方模式

买方模式是指采购方在互联网上发布所需采购的产品信息，由供应商在采购方的网站上投标登录，供采购方进行评估，通过进一步的信息沟通和确认，从而完成采购业务的全过程。买方模式也称为买方一对多模式，其模型如图8-6所示。

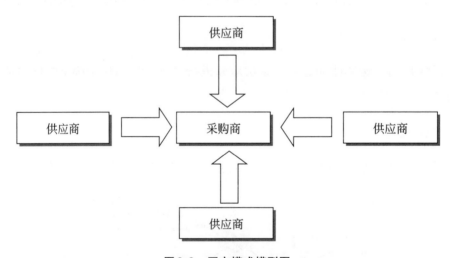

图8-6 买方模式模型图

在买方模式中，网站的开发与维护、产品资料的上传和更新维护的工作由采购方来单方面承担，供应商只需登录该平台投标即可，这样虽然加大了采购方的资金投入，但采购方可以更加及时和紧密地控制整个信息流和采购流程，有选择性地进行采购，补充货源。

#### 8.2.3.2 卖方模式

卖方模式是指供应商在互联网上发布其产品的在线目录，采购方则通过浏览来取得所需的商品信息，然后做出采购决策。卖方模式也称卖方一对多模式，其模型如图8-7所示的。

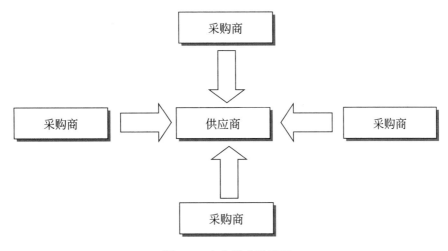

图8-7 卖方模式模型图

在这一模式里，买方登录卖方系统通常是免费的，采购方通过浏览供应商建立的网站能够比较容易获得自己所需采购的产品信息，但由于产品的多样性以及供应商的众多，采购商必须寻找更多的供应商系统进行比较，以便于选择性价比最高的合作伙伴完成采购。这样一来又在无形中加大了在资金人员方面的投入。

#### 8.2.3.3 中介模式

中介模式，也就是第三方交易平台，多以门户网站的形式出现，是指供应商和采购方通过第三方设立的专业采购网站进行采购。第三方交易平台通过一个单一的整合点，多个采购商和供应商能够在网上相遇，并进行各种商业交易的网络平台。其模型如图8-8所示。

在这个模式里，无论是供应商还是采购方都必须注册登录第三方交易平台，并在第三方网站上发布求购或提供的产品信息，第三方交易平台负责对这些上传的信息进行整合，然后在网站上及时发布和更新维护，以便于反馈给用户使用，达到促成交易成功的机会，使供应商和采购商从中获益。

目前比较流行的第三方交易平台如阿里巴巴供求平台、慧聪网站、易趣等，都是专门为各供应商和采购商提供的专门的网络采购平台。

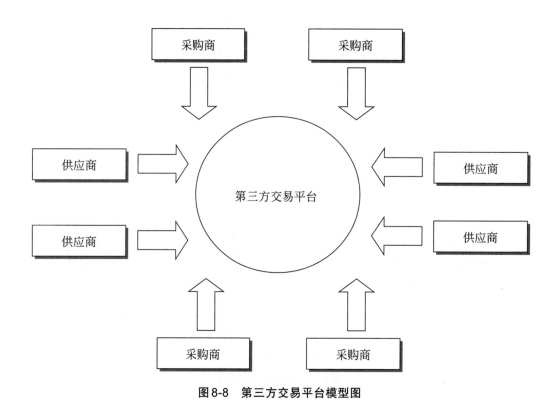

图8-8　第三方交易平台模型图

## 8.2.4　网上订货的好处

网上订货是信息时代的新生物，和电话订货相比，网上订货具有订货时间更轻松、订货信息更全面、资金结算更透明、客户经营更高效、沟通渠道更畅顺的特点。

网上订货有如图8-9所示的五大优点。

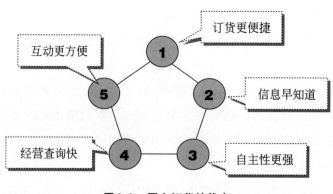

图8-9　网上订货的优点

#### 8.2.4.1 订货更便捷

通过构建网上订货平台,可以为商场(超市)的采购提供全天候的服务体验,在订货日结算时间之前,采购人员可以在办公室、家里等随时随地进行订货,时间上更从容、自由,空间上更灵活、宽广。

#### 8.2.4.2 信息早知道

在供应商发布供货信息后,采购人员便可在相应网站查阅货源明细情况,从而能够为自己预排订单提前做好准备。

#### 8.2.4.3 自主性更强

结合供应商的货源标准,采购人员可以自主提报所需品牌及数量。对部分品牌数量不能满足的情况,系统将及时给予提示,并提供替代品牌推介,从而进一步方便采购人员选择品牌置换。

#### 8.2.4.4 经营查询快

采购人员可以通过经营查询模块,随时查询自己各段时期的经营情况,从而可以分析自身的经营盈利水平,进一步掌握好各类商品进销存状况。

#### 8.2.4.5 互动更方便

采购人员可以通过信息交流模块向供应商进行咨询、建议与投诉,供应商同时给予解释与答复,从而能够增强供求双方之间的情感联结,可以进一步提高客户服务质量,提升客户满意率。

## 8.3 网上采购的运作与管理

### 8.3.1 对网络采购员的管理

与普通采购员不同的是,网络采购员不仅要能熟练的使用电脑,还必须具备一些其他的技能。

#### 8.3.1.1 要选对采购平台

什么样的采购平台才算符合要求呢?具体要求如图8-10所示。

图8-10　符合要求的采购平台

#### 8.3.1.2　要学会辨别供应商

找到了合适的平台，接下来采购员要做的就是辨别供应商的真实性。采购员可查看采购平台对供应商提供的各种审核认证，比如阿里巴巴的诚信通以及世界工厂网的工厂专属认证标志，此外还要确认企业信息是否完善、是否提供营业执照以及相关资质认证。

#### 8.3.1.3　具备网络谈判技巧

由于整个采购过程是在网上进行的，因此采购员需要掌握一定的网络谈判技巧。线下的商务谈判时，采购员可能会控制不好情绪、身体语言等，对方有可能从中推测出一些信息，但网络谈判就不一样了，采购员可以通过QQ表情等来表达自己的情绪，更好地控制自己的情绪和态度，让对方无缝可钻。

#### 8.3.1.4　认清采购产品的价格

在网络采购平台上进行网络采购时，如果采购人员看到的高质量又是低价格的产品，采购人员在进行一个简单的成本计算之后，判断价格有问题，那么建议就不需要向这类供应商进行采购。因为网络采购也不一定是万能，价格有时候也不一定是真正符合行情发展的，所以，采购人员还是需要自己去调查市场价格，做好采购产品的成本价格分析等。

#### 8.3.1.5　关注采购产品的质量

作为一名合格的采购人员，质量是采购人员主要首要关注的一个点。所以当在网络采购平台上进行采购时，采购人员要提前了解到供应商的产品质量是不是自己理想要求的，通常在采购时，需要关注供应商产品的质量、商检合格证。其次要关注产品性能规格和参数等情况。

#### 8.3.1.6　要建立供应商档案

每次采购结束后，采购员要对供应商进行各个方面的评价，尽量量化。评价指标包括产品质量如何、付款方式、能否按时交货、物流方便与否等，最后得出结论，以后是否可以合作。

#### 8.3.1.7 其他技能

此外，采购员进行网络采购要用到物流、网银等知识，因此采购员必须了解一些物流运输以及网银操作方面的知识。

采购员只有掌握上述基本知识并贯彻执行，才可以顺利进行网上采购。

### 8.3.2 对网络供应商的管理

从某种程度上说，供应商关系管理的成败可决定网上采购能否顺利实施。合格的供应商是保证物资高质、高效供应的基本保证。

#### 8.3.2.1 网络供应商管理的基础工作

供应商管理的基础工作，主要包括如图8-11所示的几方面的内容。

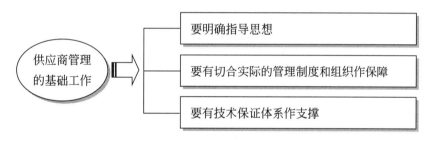

图8-11 供应商管理的基础工作

1.要明确指导思想

网上采购的核心是逐步完善，直到建立一个具有高效市场反应的供应链，提高企业的长期竞争力。基于这个认识，供应商关系管理就要以公平公正为目标，努力创造良好的网上交易环境；以业绩为导向实现供应商的优胜劣汰；以业务奖励为手段逐步培育核心供应商，实现供需双方的共赢。

2.要有切合实际的管理制度和组织作保障

俗话说："没有规矩不成方圆。"专门的供应商管理制度是执行供应商管理的依据，是供需双方进行公平交易的必须信守的准则，是交易双方维护自身正当权益的保障。与此同时，设置独立于采购业务之外实施对供应商管理的专职供应商管理机构，也是做好供应商管理的一项重要措施。

> **提醒您：**
> 
> 专职供应商管理机构负责供应商管理标准的建立、供应商认证、供应商资质管理、供应商绩效管理、供应商投诉处理、供应商考核与激励，以及供应商开发的实施。这样的组织设计可以有效避免供应商管理过程中的人情因素，保证了制度执行的有效性。

**3. 要有技术保证体系作支撑**

网上采购的信息发布必须明确、准确，否则会导致供应商报价标准的不统一和对供应商的排斥；另外，到货物资验收标准的模糊也会造成验收过程中的供需双方各执一词，导致验收纠纷。这些会造成对供应商实际的不公平，甚至会带来采购方内部人员的违规等一系列不正常现象的发生。依据国标、行标制订和执行企业通用性物资和专业物资的验收标准，在很大程度上可有效避免上述问题的发生。

#### 8.3.2.2 网络供应商的寻找

优秀的供应商是企业成功采购的决定因素，在选择和评估供应商时，必须对诸多因素进行综合考虑，包括交货速度、产品质量、批量柔性、技术能力、应变能力、采购价格等。采购员可以参考如图8-12所示的步骤来寻找网络供应商。

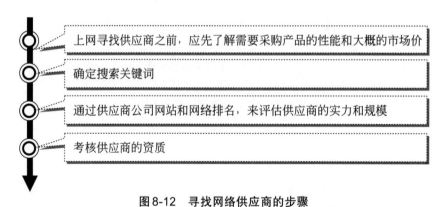

图8-12 寻找网络供应商的步骤

#### 8.3.2.3 供应商的选择

如今的网络采购平台已是风生水起，在线商城为中小企业采购产品带来了很多便利，然而互联网是一个虚拟的东西，这就使得网络宣传和实际情况存在着差别。

比如，有些平台面对网上浩如烟海、鱼龙混杂的卖家信息，他们会采取专业的信用评价体系，通过考核和买家的评价，迅速将诚信的供应商与问题供应商区分开来。这样便于让买家在选择供应商时能擦亮自己的双眼，不会因此遭受损失。

选择供应商的方法较多，有定性选择考核的，也有定量考核选择的。一般要根据供应商的多少，对供应商的了解程度，对物资需求时间的紧迫程度来确定。

### 8.3.3 网上采购供应链管理

供应链客观存在于各类企业中，供应链管理是针对这些企业而言的。供应链管理的内容可以分为企业操作层面的供应链管理和经营战略层面的供应链管理两大方面，供应链采购管理是企业操作层面的供应链管理内容之一。

在供应链采购管理环境下的运作，主要是指双赢式和准时化的采购管理。

#### 8.3.3.1 双赢式采购

双赢式采购合作关系是日本企业中率先采用的，它提倡一种双赢采购机制，强调在合作的生产商与供应商之间共同分享信息，通过合作和协商来达到双赢的目的，在此，要在采购活动中来体现供应链管理的思想，对供应商的选择与控制就应集中在如何与供应商建立双赢关系以维护双赢关系上。具体表现如图8-13所示。

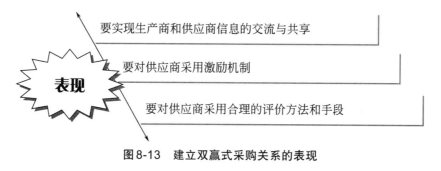

图8-13　建立双赢式采购关系的表现

#### 8.3.3.2 准时化采购

准时化采购是一种管理哲学在采购中的运用，在日本也称JIT采购，是一种较先进的采购方法。其基本思想体现为在恰当的时间、恰当的地点、恰当的树立以及恰当的质量来提供恰当的物品。这种准时化采购是准时化生产管理模式的必然要求，为了消除库存和不必要的浪费而进行的持续性改进。

在供应链管理环境下，要求选择最佳的供应商，并对供应商进行有效的管理是准时化采购成功的基石，卓有成效的采购过程质量管理是准时化采购成功的保证，供应商和生产商的紧密合作是准时化采购成功的钥匙。

为此，先要制订准时化采购的策略计划，选择少量的供应商建立合作伙伴关系，再确定准时化采购小组，进行试点采购。确保供应商对准时化的认识和理解，来实现配合准时化生产的交货方式，体现准时化采购的运作绩效。

## 8.3.4 网上采购的运作管理

网上采购的主要目标，是对于那些成本低数量大或影响业务关键的产品和服务订单，实现处理和完成过程自动化。

### 8.3.4.1 网上采购的流程

互联网络可以优化企业的采购活动，在线采购系统就是利用计算机网络软件系统，使采购活动规范化和程序化、提高采购效率、降低采购成本，保证企业的生产和经营活动顺利进行，网络采购流程具有非常明显的自动化特征。具体流程如图8-14所示。

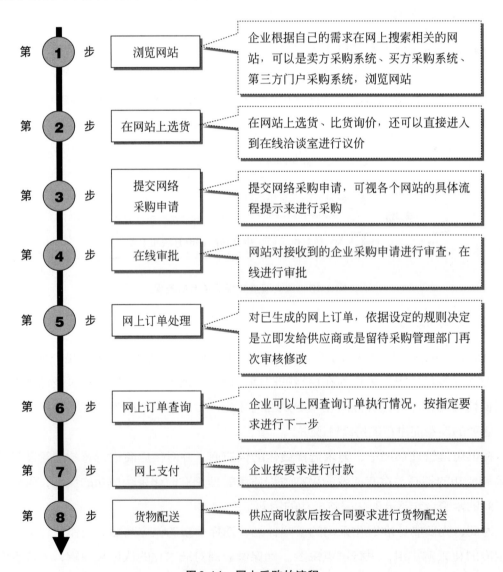

图8-14　网上采购的流程

#### 8.3.4.2 网络采购数据传送途径

在上面的网上采购过程中，在企业的内部，采购申请主要通过互联网进行传递。在申请被批准并形成订单后，在企业外部的传递对网上采购的效率影响最大，途径也十分多样化。目前，国际流行的网上采购数据传送途径主要包括如图8-15所示的几种形式。

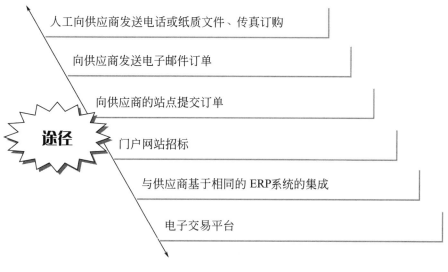

图8-15　网上采购数据传送途径

以上的几种方式中，电子交易平台解决方案的优点是显而易见的，它为买方和卖方提供了一个快速寻找机会、快速匹配业务和快速交易的电子商务社区。供需双方能够快速建立联系，从而使企业订购和销售能够快速履行。在电子交易平台中，由于所有的商家都能得到相同质量的服务，并遵照工业标准的协议进行交易处理，商家之间的信息沟通更加便利，而且，加入的商家越多，信息沟通越有效。

#### 8.3.4.3 网络采购的组织实施

企业网络采购的组织实施一般由采购部门负责，由它组织办理生产部门或其他部门提出采购计划，利用采购管理信息化系统，使网络采购实现内部各相关程序和权利的公开、透明和有效制衡。

采购物资的价格质量等信息要在企业内部网上公开，做到采购人员掌握的信息，监督和管理人员也能掌握，防止"暗箱操作"，堵塞采购漏洞，减低采购成本，确保采购物资质量，防止过高库存。

有条件的企业要通过互联网及其他专业网络广泛收集采购物资的市场价格和质量信息，努力实现网上招标采购，实现比质比价采购。

## 8.3.5 网上交易安全管理

在网络上采购到满意的产品,并进行安全的交易,是所有采购商和供应商共同的愿望。为了确保网络交易的安全,首先要明确有哪些常见的网络交易风险,才能针对这些风险采取相应的预防和防范措施。

### 8.3.5.1 网上交易常见风险

网络交易常见的风险有如图8-16所示的几种。

**类型一　产品识别风险**

由于网络的虚拟性,采购方不能从网站的图片和文字描述中得到产品全面、准确的资料。这会给采购方带来产品识别的风险,这种风险会延伸到产品的性能、质量等诸多方面

**类型二　质量控制风险**

电子商务中的卖方可能并不是产品的制造者,质量控制便成为风险因素之一,如果卖方选择了不当的外包方式,就有可能使采购方承担这一风险

**类型三　网上支付风险**

作为电子商务的一部分,支付手段也会有所变化,许多企业仍然担心安全问题而不愿使用网上支付手段,因此,支付问题是电子商务的风险因素之一

**类型四　物权转移中的风险**

电子商务需要建立远程作业方式,商品在转移过程中意外情况的发生都会影响交易的成功,物权转移过程中也会产生相应的风险管理问题

**类型五　信息传送风险**

网络安全或信息安全是实现进入电子社会的另一个风险因素,如果遭受电脑黑客的攻击,重要的企业信息甚至支付权限可能被窃取,其后果将是异常严重的

图8-16　网络交易常见风险类型

## 8.3.5.2 网上交易的风险预防

针对各种网络交易风险，最为关键的预防措施是准确识别交易风险，特别是在交易前对交易对方的身份进行识别。可通过如图8-17所示的方法来预防交易的风险。

**措施一　信息内容辨别真伪**

如果公司介绍太简单，地址也很模糊，预留的公司网站是虚假地址，通常情况下，就有可能是虚假的信息

**措施二　查询企业信用记录**

通常情况下，到网站的企业信用数据库中，可以查询到很多信用不良的企业被投诉的记录。这些记录，可以帮助用户判定信息发布方的诚信程度

**措施三　从论坛搜索相关信息**

当采购方对某企业诚信程度不能把握的情况下，可以到网站论坛中去搜索相关信息。如果发现有帖子揭露该企业的不诚信行为，那就要提高警惕

**措施四　通过搜索引擎搜索**

采购方可以将某个企业的名称、地址、联系人、手机、电话、传真等信息，输入到搜索引擎中，找到和其相关的信息就可以据此做出综合的判断

**措施五　通过工商管理部门网站查询**

从工商行政管理部门网站上查询的资料，具有很高的可靠性。用户可以根据权威部门提供的信息作出正确的判断

**措施六　手机归属地判断**

在交易对方所提供企业联系方式中，通常有手机号码。为此，对交易对方信息的真实性，也可以通过手机归属地查询

图8-17　网上交易风险的预防措施

### 8.3.5.3 网上交易的风险防范

在核实了对方身份，双方达成协议后，自然要进入下一个环节——付款。一旦涉及货款的问题，特别需要谨慎对待，推荐使用三种较安全的付款方式，具体如图8-18所示。

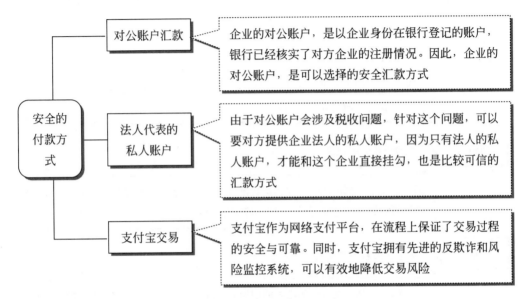

图8-18 安全的付款方式